BUZZ

Publisher ANDERSON CAVALCANTE
Executiva CÉFARA MORAES
Coordenador editorial NESTOR TURANO JR.
Editora LAURA CAMANHO
Editora assistente ÉRIKA TAMASHIRO
Assistente editorial BEATRIZ FURTADO
Preparação ALINE GRAÇA
Revisão DANIELA MENDES E VICTÓRIA GERACE
Capa DOUGLAS LUCAS
Projeto gráfico e diagramação OSMANE GARCIA FILHO

Comercial VANESSA ALMEIDA, TACIANE FERREIRA, TAÍRES PEREIRA E ALINE CRUZ
Comunicação e marketing LEONARDO CAVARZAM, ISABELLE PELOZZO, RAFAELLA RHEIN E ANA CLARA DE OLIVEIRA
Eventos MARISA MARIANNO E RAYANA ALANA
Operações VERA DANTAS, FLÁVIO BOMBARDI, WILLIAM ARAÚJO, RAFAEL VALENTIN E ZENI MARTINS DOS SANTOS

Nesta edição, respeitou-se o novo Acordo Ortográfico da Língua Portuguesa.

Dados Internacionais de Catalogação na Publicação (CIP)
(Câmara Brasileira do Livro, SP, Brasil)

Brunet, Tiago
Ganhe o mundo sem perder a alma: O que a Sabedoria Milenar nos ensina sobre dinheiro e espiritualidade / Tiago Brunet. — ed. atual. — São Paulo : Buzz Editora, 2025.

ISBN 978-65-5393-488-7

1. Dinheiro – Aspectos religiosos – Cristianismo 2. Economia 3. Educação financeira 4. Finanças pessoais – Aspectos religiosos – Cristianismo 5. Investimentos 6. Prosperidade 7. Riqueza – Aspectos religiosos – Cristianismo I. Título.

25-292009 CDD 261.85

Índice para catálogo sistemático:
1. Finanças pessoais : Ensinamento bíblico : Cristianismo 261.85

Aline Graziele Benitez – bibliotecária – CRB-1/3129

Buzz Editora Ltda.
Av. Paulista, 726, Mezanino
CEP 01310-100, São Paulo, SP
[55 11] 4171 2317
www.buzzeditora.com

TIAGO BRUNET

GANHE O MUNDO

SEM PERDER A ALMA

O QUE A SABEDORIA MILENAR NOS ENSINA SOBRE DINHEIRO E ESPIRITUALIDADE

Agradecimentos

A Bíblia foi escrita ao longo de 1500 anos, por cerca de quarenta autores diferentes. Cada livro tem ensinos preciosos e valor imensurável. Nesta obra, destacarei os ensinamentos de Jesus, Paulo e Salomão. Agradeço a Deus por estes escritos terem chegado até a nossa geração.

Agradeço à Buzz Editora pelo convite para escrever um livro tão desafiador e aos meus editores pessoais Gisele Romão e Daniel Brunet, que sempre me ajudam com meus textos.

Sou grato a Deus por ter saído da limitação financeira e ter alcançado a prosperidade. Somente com iluminação divina eu poderia ter o entendimento do que realmente importa e ser capacitado a ensinar isso às pessoas.

Obrigado a cada leitor que acompanha meu trabalho. São vocês que fazem tudo acontecer. Quanto a mim, sou apenas um mensageiro.

Obrigado.

Prepare-se para transformar sua vida financeira com o novo livro de Tiago Brunet!

Através de uma linguagem leve e princípios milenares bíblicos, Brunet ensina como crescer suas finanças de maneira eficaz e construir um futuro próspero, sem perder o essencial. Esta obra é para quem deseja mudar sua relação com o dinheiro e conquistar a verdadeira liberdade. Não perca a chance de se inspirar e mudar sua trajetória!

GUILHERME BENCHIMOL – FUNDADOR E PRESIDENTE DO CONSELHO DA XP INVESTIMENTOS

Cuidar do lado espiritual é essencial para manter o equilíbrio em meio aos desafios da vida.

Tiago Brunet domina como poucos essa arte de inspirar pessoas a alcançarem um novo patamar de harmonia entre corpo, alma e espírito.

RENATA VICHI – CEO DA KOPENHAGEN

Este livro é necessário. Pois riqueza é mais do que dinheiro e para conquistá-la você precisa de instrução. Brunet, com uma sabedoria incomum, sabe orientar as pessoas a prosperarem sem abrir mão de princípios.

FLÁVIO AUGUSTO DA SILVA – AUTOR BEST-SELLER E CEO DA WISER EDUCAÇÃO

Eu indico este novo livro do Tiago Brunet porque entendo da mesma forma como ele escreve: que para viver bem ninguém precisa de muita coisa!

É preciso de alma e não de vaidade para de fato viver, não somente existir. É por isso que eu acredito que não adianta ganhar o mundo inteiro e perder a alma, porque você não consegue aproveitar nada do que ganhou!

JOSÉ BATISTA SOBRINHO – FUNDADOR DA JBS

O novo livro do meu amigo Tiago Brunet aborda um tema profundo e necessário: a RIQUEZA *sob a ótica bíblica.*

Esta obra é um chamado à maturidade espiritual e à responsabilidade com tudo o que recebemos.

Que este livro alcance muitos corações e desperte uma nova geração de mordomos fiéis!

JOSÉ CARLOS SEMENZATO – APRESENTADOR DO *SHARK TANK BRASIL* E PRESIDENTE DA SMZTO FRANQUIAS

A verdade é que quem busca o dinheiro já começou errado! Salomão, quando teve a oportunidade de pedir o que quisesse a Deus, não pediu dinheiro nem riquezas, mas sim SABEDORIA*; aí está o segredo! Com a sabedoria que lhe foi concedida se tornou o homem mais rico e poderoso de todos os tempos... a* SABEDORIA *é a chave mestra que abre todos os cofres do mundo. Brunet irá nos explicar isso muito bem neste livro.*

JOÃO ADIBE – CEO DA CIMED

O dinheiro pode até imitar os presentes de Deus — conforto, status, até uma falsa paz. Mas é justamente por essa cópia ser imperfeita que somos enganados: nos faz pensar que ganhamos tudo, quando, na verdade, estamos perdendo o essencial. Este livro é um alerta urgente para quem quer prosperar sem se perder.

THIAGO NIGRO – CEO DO GRUPO PRIMO

“A BÊNÇÃO DO SENHOR TRAZ RIQUEZA E NÃO INCLUI DOR ALGUMA.”

(PROVÉRBIOS 10,22)

GANHE O MUNDO
SEM PERDER A ALMA

Introdução

Ganhe o mundo sem perder a alma

> “POIS, QUE ADIANTARÁ AO HOMEM GANHAR O MUNDO INTEIRO E PERDER A SUA ALMA? OU, O QUE O HOMEM PODERÁ DAR EM TROCA DE SUA ALMA?”
>
> (MATEUS 16,26)

Essa é uma das perguntas bíblicas que mais me fez refletir nos últimos anos. Afinal, muita gente gostaria de ganhar dinheiro, ter poder e influência, ou seja, ganhar o mundo à sua volta. Porém, a custo de quê?

Riqueza sempre foi — e sempre será — um assunto controverso. Digo de maneira enfática: riqueza não é para todos. Aliás, as estatísticas dos últimos séculos deixam claro que apenas 1,5% da população mundial tem — ou terá — acesso a ela.

Dinheiro é um deus para alguns. Para outros, apenas uma ferramenta. Alguns amam as riquezas, e muitos odeiam profundamente quem as tem.

Há quem trabalhe por dinheiro, há quem cometa crimes por ele.

A verdade é que uma cédula ou moeda são apenas objetos inanimados. Por isso, quem os tem no bolso também tem toda a responsabilidade sobre ações tomadas a partir do poder que o dinheiro traz.

Será que isso é tão difícil de entender? O dinheiro não é o problema. O problema está nas pessoas!

> **DINHEIRO NÃO TEM ALMA,**
> **PESSOAS SIM!**

Pessoas que são vazias de conhecimento, descrentes espiritualmente e confusas emocionalmente podem fazer absurdos impensáveis se tiverem recursos disponíveis para isso. Ter poder de execução sem preparo emocional e base espiritual é um grande perigo.

Enfim, ganhar dinheiro e conquistar o mundo é um desejo desenfreado de muitos, nisso há consenso.

Então, decidi reunir fôlego e coragem para treinar esta geração a fazer isso do jeito certo:

> GANHAR TUDO QUE FOR PARA VOCÊ, MAS SEM PERDER O QUE MAIS IMPORTA.

Entrevistei muitos bilionários e pessoas de grande influência para chegar à conclusão que apresento nesta obra. Além da minha experiência pessoal com o dinheiro, busquei decodificar os segredos bíblicos sobre o tema e me aprofundei nas revelações divinas por intermédio de artigos milenares.

Escrevo a introdução deste livro em um voo diurno entre São Paulo e Orlando, nos Estados Unidos. Como tenho muitos eventos nos Estados Unidos, estabeleci, já há alguns anos, uma base na cidade que abriga a Disney e alterno minha agenda entre lá e cá para poder cumprir mais assertivamente meu propósito nesta terra.

Não por coincidência, e nem por acaso, está ao meu lado, aqui no voo, o grande Kaká, meu amigo e famoso ex-jogador de futebol, ídolo do Real Madrid, do Milan, dono da Bola de Ouro de 2007 e pentacampeão do mundo com a Seleção Brasileira.

Eu poderia mandar um WhatsApp ou marcar um jantar lá em casa com ele, como já fizemos outras vezes. Mas o destino quis me dar esse sinal de que realmente há quem tenha ganhado o mundo inteiro (como é o caso dele) e, ainda assim, mantido a alma sã e salva. Kaká é um exemplo de muitas lições que ensinarei nesta obra. Eu o entrevistei por mais de uma hora, e o resultado só corrobora com a tese deste livro.

Martin Luther King Jr. (1929-1968) foi um grande pregador e ativista social americano; Billy Graham (1918-2018) foi o maior evangelista de todos os tempos; Abraão é o pai da fé, e Jesus, o nosso Mestre — todos eles serão exemplos claros de que, sim, é possível: **dá para ganhar e não se perder**.

No entanto, o dinheiro pode funcionar como um botão de autodestruição para quem não tem o antídoto espiritual. E, nas próximas páginas, vou ensinar para você o que é isso.

O dinheiro se torna um patrocinador descontrolado de prazeres carnais sem esse antídoto, e é aí que entra o vazio existencial do ser humano. Esta obra, provavelmente, vai mexer com suas crenças e abalar os fundamentos dos seus achismos financeiros. Será sua libertação da ignorância espiritual e das limitações emocionais sobre o tema.

Se colocar em prática o que está nestas páginas, desde como construir riqueza até como proteger o coração para não ser corrompido pelas oportunidades que ela traz, haverá resultados imediatos para você, sua família e seus negócios. Será inevitável!

O QUE O DINHEIRO NÃO COMPRA?

Como o avião do Instituto Destiny não tem autonomia para voos intercontinentais, quando preciso sair do Brasil a trabalho ou a lazer, viajo de voo comercial ou, às vezes, consigo "carona" com alguém do meu convívio que tenha aeronave de porte internacional.

Certa vez, fui do Brasil aos Estados Unidos em um desses jatos intercontinentais com uma família muito relevante do nosso país.

A viagem foi cheia de conversas, risadas e ideias, e quero compartilhar com você a sessão de perguntas e respostas que tive com uma pessoa que tem dinheiro praticamente infinito (pelo menos para uma vida).

A primeira pergunta foi: o que o dinheiro não compra?

A pessoa que comanda a família, a mais influente, começou a me explicar: "Amanhã terei que treinar na academia assim que pousarmos. Não posso pagar o personal trainer para esse serviço, pois meu corpo não receberá o resultado".

Anote isto: há responsabilidades que o dinheiro não transfere.

Esse poderoso amigo seguiu, dizendo: "Tenho condições financeiras para comer as melhores iguarias do mundo e, de vez em quando, até as experimento, mas minha rotina é comer ovo cozido, salada e algum tipo de carne. A maioria das pessoas, incluindo as que têm pouco dinheiro, pode comer a mesma coisa todo dia. A alimentação, nesse caso, não tem a ver com o quanto tenho de dinheiro, mas com o meu objetivo de longevidade. Para viver mais preciso comer menos e de maneira saudável".

E ele foi mais a fundo: "Estou gastando milhares de dólares de combustível e custos somente nesta viagem de ida e volta aos Estados Unidos, mas apesar de comprar essa confortável e exclusiva ida a um fascinante lugar, não consigo comprar os sentimentos que terei ali. Se estarei feliz ao chegar lá, se minha esposa estará bem comigo ou se meus filhos vão me honrar e agradecer. Meu dinheiro não decide isso. Preciso ter construído sentimentos positivos em mim e neles ao longo dos anos neste caso".

É muito trabalho que nada tem a ver com a conta bancária.

Interessante, não é mesmo?

Aquela foi uma das conversas mais proveitosas sobre dinheiro que já tive. Ouvir quem tem experiência sobre riqueza e sobre a vida não tem preço. Afinal de contas, quase todo mundo está correndo atrás de cifras sem saber o que isso realmente significa.

No final de sua fala, ele me fez uma revelação: "Ainda que eu tivesse todo recurso do mundo, não conseguiria comprar um dia a mais de vida na terra, nem controlar para onde vou depois que meus olhos se fecharem por aqui. Percebi que a materialidade é nada quando comparada à eternidade. Percebi que precisamos ter um poder específico dentro de nós, o único que derrota o engano das riquezas e nos dá direção e certezas além das obviedades humanas. Precisamos de um antídoto espiritual. E é por isso, Tiago, que você está neste avião conosco, precisamos do que você tem".

Ouvi com atenção e balancei a cabeça positivamente, concordando com ele. O que o destino desenhou para mim, somado ao que absorvi das experiências (positivas e negativas) que a vida me proporcionou, me permitiu receber essa sabedoria. Isso não vem de mim, é o dom divino, e era hora de contar às pessoas!

Esse antídoto (falaremos profundamente sobre isso no último capítulo) é o que nos garante ficar de pé diante das ofertas e ilusões do bolso cheio, da euforia e alegria do que o dinheiro compra. Sem ele dentro da gente, o dinheiro aciona o botão de autodestruição da vida. E, em seguida, começa a sabotagem emocional.

Já escutou a frase: "Depois que ganhou dinheiro, fulano se perdeu"?

Se sim, a que ela se refere? O que é "se perder"?

Vamos lá: bebedeiras, prostituição, imoralidades, orgulho, prepotência, soberba, olhos altivos e perda de valores que antes eram protegidos, destruição da família que foi erguida com tanto esforço. O nome disso, biblicamente falando, é: obras da carne (Gálatas 5,19-21). Isso mesmo! Essa expressão milenar reúne as vontades do nosso corpo que tendem à maldade.

E o dinheiro, o acúmulo desnecessário dele, e seu mau uso, potencializam essas obras e abrem as portas para uma estrada de perdição. Os filósofos antigos, como Agostinho, chamavam isso de vício.

Mas quero desafiá-lo a ler esta obra com uma pergunta em mente: o que posso fazer hoje para melhorar algo que o dinheiro não resolve?

Antes de ganhar o mundo, você precisa ter tudo que o dinheiro não compra, tal como sabedoria, harmonia familiar, fé e amor. Só assim você terá saúde emocional e inteligência para lidar com a responsabilidade e a grandeza desse chamado.

Sim, ter dinheiro não é apenas uma questão de escolha nem de trabalho duro, é uma permissão divina. É a mistura do plano transcendental para, por exemplo, você ter saúde e estar na geografia certa, no tempo correto, com as suas decisões assertivas.

Mas como todo talento, riqueza também não é para todos. Até porque não são todos que a desejam nem que estão dispostos a pagar o preço de obtê-la.

Afinal de contas, o próprio Jesus nos disse que "Os pobres vocês sempre terão consigo, mas a mim vocês nem sempre terão" (João 12,8). Desde que o Mestre fez essa declaração, o mundo nunca chegou perto de acabar com a pobreza, e jamais acabará com esse mal.

Talvez você se pergunte: será que nasci para ter dinheiro e riqueza? Já tentei de tudo e ainda não consegui. Será que isso é para mim?

Bem, quero guiá-lo ao entendimento: se você está com este livro em mãos, abra um sorriso agora, porque provavelmente você é um destinado a ganhar o mundo. Pelo menos o seu!

Quem não tem este destino nem o dom de adquirir riquezas não encosta em livros como este nem está em um local onde obras como esta chegam. Por isso, uma das responsabilidades bíblicas de quem tem riqueza é servir e socorrer a maioria que nunca terá, entende?

Com a bênção vem a responsabilidade.

Prepare-se: você nunca mais verá dinheiro e riquezas da mesma forma depois de passear pelas próximas páginas.

Paz e prosperidade,

Tiago Brunet

"EU VIM PARA QUE TENHAM VIDA E A TENHAM EM ABUNDÂNCIA."

—JESUS

(JOÃO 10,10)

GANHE O MUNDO
SEM PERDER A ALMA

Capítulo 1

Seu lugar no mundo

Todo ser humano ocupa um lugar no mundo; financeiramente falando, isso também acontece.

Até mesmo quem não trabalha, de um jeito ou de outro, é sustentado por quem produz e assume um lugar na Escala de Níveis Financeiros, que ensinarei a seguir.

Na outra ponta da produtividade financeira, ficam aqueles que estão ganhando o mundo ou os que estão em busca de chegar a esse patamar. Para isso, alguns infelizmente estão vendendo a alma (suas emoções, consciência e até mesmo a salvação eterna, como falaremos no último capítulo), mas outros poucos conseguem preservá-la.

Vamos aprender que ganhar o mundo não é só fazer dinheiro (apesar de isso contar muito), mas ter influência positiva sobre as pessoas, ser admirado pelo que faz, principalmente pelos de sua casa, e ter certa importância para a humanidade. É possível que seu impacto não seja mundial, mas pode atingir os que estão à sua volta, seus seguidores nas redes sociais e quem sabe sua cidade ou país.

AFINAL, O QUE É GANHAR O MUNDO?

Ganhar o mundo significa ser útil para sua geração, ser necessário para alguém e também jamais se sentir melhor do que outros porque você conquistou um lugar ao qual a minoria chega. Até porque a chegada a esse patamar não depende somente de você.

Veja:

> “E, QUANDO **DEUS** CONCEDE **RIQUEZAS** E BENS A ALGUÉM, E O **CAPACITA** A DESFRUTÁ-LOS, A ACEITAR A SUA SORTE E A SER FELIZ EM SEU TRABALHO, ISSO É UM **PRESENTE** DE DEUS.”
>
> (ECLESIASTES 5,19)

Ter riquezas (sejam elas de que tamanho forem) e saber aproveitá-las corretamente é um dom, um presente divino!

> **NADA DEPENDE ÚNICA E EXCLUSIVAMENTE DO SER HUMANO.**

Criei a teoria a seguir, baseada em observação e experiência pessoal, para que eu possa ajudar você a entender como funcionam os níveis de influência e os ganhos em termos financeiros no mundo atual.

É claro que os números que apresento nesta escala são estimativas com base em pesquisas gerais, envolvendo relatórios e fontes confiáveis, como a *Forbes*, o Sebrae e o Glassdoor. Não são valores exatos, pois há variações para mais ou menos e exceções — por exemplo, desempregados e herdeiros flutuam pelos níveis —, mas a ideia ampla está apresentada na imagem.

Eu mesmo nasci em uma família de classe média baixa, no subúrbio do Rio de Janeiro, filho de um servidor público com uma dona de casa. Na adolescência, fui um trabalhador comum ganhando salário mínimo. Na juventude, tentei me tornar microempresário no ramo turístico. Dez anos depois, quebrei de forma catastrófica e fui ao fundo do poço, ficando em situação vulnerável emocional e financeiramente por meses a fio. Afinal de contas, essa Escala de Níveis é flutuante e não permanente.

A ESCALA DE NÍVEIS FINANCEIROS

CONSTRUTORES DE ECOSSISTEMAS (SUPERBILIONÁRIOS)

Pessoas das quais o mundo precisa, por serem donas de grandes negócios. Elas determinam o ritmo de crescimento de toda a pirâmide. É o caso de Mark Zuckerberg, que é dono de, entre outras empresas, WhatsApp, Facebook e Instagram.

Se o negócio dele parar, muita coisa no mundo para também.

MEGAEMPRESÁRIOS

Donos de grandes negócios com faturamento na casa das centenas de milhões de reais por ano.

EMPREENDEDORES, INFLUENCERS, ARTISTAS E ESPORTISTAS

São formadores de opinião, com influência pública e renda de mais de R$ 200 mil ou R$ 300 mil por mês, podendo chegar a milhões mensais.

FUNCIONÁRIOS DE ALTO ESCALÃO

Pessoas que trabalham em multinacionais ou empresas que pagam salários altíssimos e bônus anual. Geralmente têm renda mensal entre R$ 50 mil e 190 mil.

MICROEMPRESÁRIOS E FUNCIONÁRIOS DE NÍVEL GERENCIAL

Corajosos sonhadores que abriram seu CNPJ, empregam de 0 a 3 pessoas e faturam de R$ 30 mil a R$ 50 mil por mês. Aqui estão também os funcionários em nível gerencial que são responsáveis por equipes e recebem cerca de R$ 20 mil mensais. Algumas pessoas estão em transição de trabalhadores comuns para esse nível e recebem cerca de R$ 8 mil a R$ 18 mil.

TRABALHADORES COMUNS

Aqui está a maioria da população. Pessoas que trabalham com carteira assinada e ganham entre 1 e 5 salários mínimos e microempreendedores individuais (MEI).

PESSOAS EM VULNERABILIDADE SOCIAL OU EXTREMA POBREZA

Pessoas sem renda alguma que precisam de ajuda para sobreviver e que estão em situação de vulnerabilidade.

Quero que você saiba que, infelizmente, o mundo está dividido em segmentos e classes. Não deveria ser assim, mas a vida terrena não é justa. Então, é melhor que entenda em qual posição na escala você se encontra agora, para poder sonhar com mais, se isso for necessário para seu propósito.

Na escala, há os que geram empregos e socorrem financeiramente os outros; há aqueles que só trabalham para si mesmos e há os dependentes do sistema.

Além disso, entre os que têm dinheiro, há os que não o utilizam para mudar nada no planeta; e entre os que possuem poucos recursos, estão alguns que fazem a diferença na vida de muita gente. Ou seja, tem rico que ninguém quer por perto (a não ser por interesse) e há pobres que são amados por muitos. Este mundo é cheio de contradições!

Assim, o que determina se realmente somos prósperos ou não é o estado do nosso coração, e não apenas nossa conta de investimentos.

É preciso ter coragem de viver seu propósito de vida, sem apegar-se ao materialismo, e de amar o próximo como a si mesmo independentemente das posses dele, como ensinado por Jesus em Mateus 22,37-39.

Então, é possível ganhar o mundo, não importa em que patamar você estiver. Entenda: alguns ga-

“SUA MENTALIDADE SÓ MUDA QUANDO VOCÊ EXPERIMENTA AQUILO QUE QUEBRA SEU ANTIGO PADRÃO DE PENSAMENTO.”

GANHE O MUNDO SEM PERDER A ALMA

nham o mundo ao mudar a vida dos vizinhos; outros, por se tornarem mensageiros de uma boa notícia; outros ainda ao desenvolverem projetos sociais. Há também os que geram empregos e assim por diante.

USE AS COISAS PARA SERVIR PESSOAS, E NÃO O CONTRÁRIO.

Para algumas pessoas, infelizmente, tudo o que terão nesta vida será apenas dinheiro, e essa não é a vontade divina, mas sim que prosperemos com o propósito de servir a geração em que estamos. Biblicamente sempre foi assim: o rei Davi, por exemplo (vamos falar bastante dele neste capítulo), usou recursos, conhecimento, estrutura, tudo o que tinha para servir.

Quando o apóstolo Paulo se refere ao grande rei de Israel, em Atos 13,36, ele diz: "Tendo, pois, Davi servido ao **propósito de Deus** na sua geração, adormeceu, foi sepultado com os seus antepassados e o seu corpo se decompôs".

DEVERÍAMOS CRIAR ESTRUTURAS PARA SERVIR PESSOAS, E NÃO PESSOAS PARA SERVIR ESTRUTURAS.

Para ganhar o mundo, é preciso ser referência, ter recursos e a atenção das pessoas. Para isso, dois fatores são determinantes, e eles também definem a qual posição na escala você pode chegar:

> DESTINO E
> MENTALIDADE.

É importante lembrar que a localização geográfica — que faz parte de seu destino, pois você não escolhe onde nasce — também importa muito.

FATOR DETERMINANTE 1: DESTINO

Vamos lá: destino nada mais é do que o Plano Divino para cada indivíduo. Ele está dividido em três partes:

Destino rígido: no qual está incluída a cor da sua pele, alguma deficiência ou limitação de nascença, o local de nascimento, quem e como foram seus pais, traumas de infância e outras coisas que não podemos escolher na vida, como o dia da morte ou se teremos o diagnóstico de uma doença de difícil tratamento ou não.

Destino flexível: aquele que moldamos com as decisões que tomamos, com a maneira como pensamos e com as atitudes que temos. É a porção que Deus nos permite controlar pelas nossas escolhas.

Destino planejado: o que Deus escreveu sobre e para você durante sua passagem pela terra. Nesta área do destino, você decide se vai se encaixar ou não no plano escrito. De uma coisa eu sei: quem prospera vivendo o Plano Divino ajudará, de alguma maneira, aqueles cuja geografia, saúde ou falta de mentalidade não favoreceu, entende?

O modo como você reage ao destino rígido, usa o destino flexível e se encaixa no destino planejado determina seu futuro, inclusive nas finanças!

Seja produzindo empregos ou fazendo caridade, seja direta ou indiretamente, quem vive seu destino acaba impactando de maneira positiva a vida de quem não venceu ainda nem vencerá.

E quem não se encaixa, por falta de sensibilidade espiritual ou livre escolha, deixa de viver o melhor que os Céus decretaram sobre nós.

> **A RIQUEZA DE ALGUNS OFERECE ESPERANÇA A DETERMINADAS PESSOAS A QUEM O GOVERNO DE UM PAÍS JAMAIS ALCANÇARÁ.**

Esse é o caso do empresário Bill Gates (1955-): após fazer fortuna no ramo da tecnologia com a fundação da Microsoft e se tornar bilionário, decidiu abrir uma fundação com a sua ex-esposa Melinda Gates (1964-), chamada Gates Foundation, que investe bilhões em áreas variadas como: vacinação de crianças e adultos, extermínio de doenças, criação de saneamento básico e afins em áreas extremamente pobres, dentre outros, tendo feito muito mais do que a maioria dos governos até hoje, com seu próprio capital financeiro.

GEOGRAFIA É UMA FORMA DE DESTINO

Já parou para pensar que quem nasceu no interior do Afeganistão — um país com baixo desenvolvimento econômico e assolado por muitas guerras — não será exposto às mesmas oportunidades do que aquele que nasceu em São Paulo, a capital econômica do Brasil, responsável por 30% do Produto Interno Bruto (PIB) do país? Mesmo que em São Paulo haja pessoas na base da pirâmide, é inegável que as oportunidades são diferentes em relação ao interior da Índia e de alguns países africanos, inclusive, a possibilidade de receber ajuda humanitária. Mas também conheço bem os Estados Unidos e, apesar de ser a "terra das oportunidades", milhões de americanos estão correndo atrás para ter algum tipo de recurso, milhares estão em situação de rua, em abrigos ou dependem de ajuda do governo, igrejas e instituições de caridade. Mesmo com geografia privilegiada e com um idioma nativo como o inglês, eles não conseguem um "lugar ao sol". Geografia não determina vitória!

> **EXISTEM CRESCIMENTOS FINANCEIROS QUE SÓ ACONTECEM QUANDO SUA GEOGRAFIA MUDA.**

Então, você, que está lendo este livro, tem saúde suficiente e capacidade cognitiva, saiba que sua localização não é impedimento. O destino está a seu favor. Boa notícia, não é? Portanto, nunca mais reclame, apenas seja grato e faça a sua parte.

Além disso, temos de lembrar que a geografia não é uma limitação definitiva, pois, como sabemos, há pessoas que nasceram na extrema pobreza da Índia e conseguiram emigrar para os Estados Unidos, por exemplo, se tornaram referência em tecnologia e acumularam fortunas. É o caso de Jay Chaudhry (1958-), que saiu de uma região da Índia onde não havia nem água encanada para tentar a vida nos Estados Unidos e foi bem-sucedido, tendo uma empresa que fatura milhões no ramo da segurança, listado pela *Forbes* como o indiano mais rico dos EUA. Isso significa que, mesmo em geografias contrárias, é possível superar a realidade com decisões e ações assertivas.

"A RIQUEZA NÃO ESTÁ RELACIONADA À QUANTIDADE DE DINHEIRO, MAS À LIBERDADE E AO PODER DE ESCOLHA."

GANHE O MUNDO
SEM PERDER A ALMA

Já outras pessoas, mesmo com uma séria deficiência física, se superaram, como é o caso dos palestrantes Nick Vujicic e Marcos Rossi, que nasceram sem os membros superiores e inferiores e hoje estão nos palcos do mundo ajudando muita gente — e faturando muito. Eles usaram o destino rígido (deficiência) com sabedoria tamanha que o destino flexível (escolher ser palestrante) os levou ao destino planejado (ajudar milhares de pessoas por meio do exemplo de superação).

Vou te dar mais um exemplo. É a história de um homem que nasceu em um bairro pobre dos Estados Unidos, onde a prostituição e o mundo das drogas eram parte do horizonte. E mais: ele é filho de pais separados, condição que obstrui a vida de muitas pessoas, pois pode deixar marcas profundas nas emoções. Pois bem, ele viveu numa família quebrada e cresceu num bairro perigoso. Tudo estava contra seu crescimento. Com um cenário tão desfavorável, essa pessoa pode ter sucesso? E a desigualdade estrutural? E o preconceito?

Certa vez, ele disse: "Nunca usei drogas porque eu vi e convivi com as drogas diariamente quando eu tinha 3 ou 4 anos de idade, fui uma criança muito pobre".

Ele sabe que muitos de seus amigos de infância nunca experimentaram o lado bom da vida, mas ele homem, sim.

Seu nome é Leonardo DiCaprio (1974-) e, apesar de ter crescido em condições adversas, contrariou as expectativas e hoje é um dos atores mais famosos e mais bem pagos do mundo.

Então, no fim das contas, a sua forma de pensar, o quanto sua consciência já se expandiu, as conexões que você faz e a sua compreensão sobre a vida podem influenciar diretamente seu lugar na Escala de Níveis Financeiros.

(Além de outros segredos que ensinarei neste livro.)

É o destino quem faz você conhecer as pessoas certas durante a vida, mesmo que as erradas também tenham entrado e saído — às vezes, de maneira traumática. Tudo isso faz parte do destino!

Somos treinados em certas adversidades que não escolhemos viver, pois o destino acontece independentemente da nossa vontade, da troca da sua localização geográfica e, quando chega a hora de uma mudança, ele abre portas onde não existiam e encontra um jeito de você, fazendo sua parte, aproveitar a chance que lhe foi dada.

Ou seja, tudo aquilo que não conseguimos explicar, mas que impulsiona nossa trajetória é, na verdade, ação do Plano Divino.

Algumas pessoas, por não conhecerem ou ignorarem a Sabedoria Milenar, a Bíblia, chamam a tudo isso de "golpe de sorte". Leonard Mlodinow, autor de

O andar do bêbado, Nassim Nicholas Taleb, autor de *Iludidos pelo acaso: A influência da sorte nos mercados e na vida* e Thomas Piketty, de *O capital no século XXI*, escreveram livros famosos comentando sobre riqueza, sorte e acaso. Mas sou dos que acreditam que estava tudo escrito e que a gente se alinha ou não ao plano transcendental.

> "'PORQUE SOU EU QUE CONHEÇO OS PLANOS QUE TENHO PARA VOCÊS', DIZ O SENHOR, 'PLANOS DE FAZÊ-LOS PROSPERAR E NÃO DE LHES CAUSAR DANO, PLANOS DE DAR-LHES ESPERANÇA E UM FUTURO'."
>
> (JEREMIAS 29,11)

OS NÍVEIS SE COMUNICAM

Lembre-se de que, além de se encaixar em algum nível da Escala de Níveis Financeiros, você também terá algum tipo de relação com outra parte dela, por exemplo, você pode ser um microempresário, mas seu público comprador, que lhe respeita, ser o trabalhador comum. Ou, ainda, você pode ser um trabalhador comum, mas prestar contas a funcionários de alto escalão, e seu comportamento, por conta dessa relação, ser aprimorado a cada dia, de tal maneira que pode apontar para um futuro crescimento na Escala de Níveis Financeiros. Isso significa que pessoas de níveis como o gerencial, de empreendedores, microempreendedores e alto escalão, ao se relacionar da forma correta, com sabedoria e assertividade com aqueles que estão em posições superiores às suas, criam oportunidades ou mesmo iniciam networking valioso para que possam evoluir e avançar.

Muitos megaempresários, como João Adibe, da farmacêutica Cimed, quase no topo da Escala de Níveis Financeiros, precisam diariamente conectar-se com seus funcionários de alto escalão. Alguns decidiram usar a internet para ser a cara da empresa diante dos consumidores finais, como está acontecendo com Renata Vichi, na Kopenhagen, e Guilherme Benchimol, na XP Investimentos.

Então, dominar essa teoria é uma questão de sobrevivência para suas finanças. Quem não entende dos níveis da escala e de seus comportamentos não conseguirá se comunicar com eles.

Quando gravo um vídeo para a internet, não direciono a mensagem para quem está vivendo a mesma realidade financeira que conquistei hoje. Como falo de espiritualidade, propósito e emoções, foco todos os níveis da escala, direciono o que digo, principalmente, a quem ainda está construindo a vida e lutando para subir de patamar.

Então, para manter contato com o mesmo nível da escala, é necessário comportamento; já, para se conectar com outras classes, é preciso comunicação assertiva.

SEJA INTENCIONAL

Na questão da mentalidade, é essencial frisar que, sem ela, você não terá **ambição e estratégia**. E é isso que motiva a mudança de lugar na Escala de Níveis Financeiros.

Lembrando a história de Davi, sabemos que ele viu o gigante Golias afrontando o exército de Israel, e perguntou: "O que receberá o homem que matar esse filisteu e salvar a honra de Israel?" (1Samuel 17,26).

Isso mesmo! Davi queria saber primeiro da recompensa. Sua ambição foi maior do que o medo e, naquele dia, ele entrou para a história e nunca mais saiu.

Bom, temos as *pessoas em vulnerabilidade social ou extrema pobreza*, os *trabalhadores comuns*, os *microempresários e funcionários de nível gerencial*, os *funcionários de alto escalão*, os *empreendedores, influencers, artistas e esportistas*, os *megaempresários* e os *construtores de ecossistemas*. Como já passei por alguns desses níveis, sei que é possível transitar entre eles. E Davi é mais uma prova clara de que isso é verdade: de traba-

“AMBIÇÃO,
SIM;
GANÂNCIA,
NÃO.”

GANHE O MUNDO
SEM PERDER A ALMA

lhador comum, ele sobe para funcionário de alto escalão e termina a vida como criador de ecossistema.

Analise isto: todos nascem com um destino e, de acordo com a maneira como reagem às oportunidades divinas — que podem, inclusive, surgir disfarçadas de problemas —, se encaixam em um dos patamares mencionados, entende?

DAVI: NASCE UM EMPREENDEDOR

A história de Davi é de uma riqueza inesgotável. Antes, falamos sobre sua luta com Golias, agora quero expor a situação que aconteceu quando Davi era ainda muito novo.

Um problema surgiu no palácio do rei Saul. O governante precisava de alguém que soubesse tocar harpa. Um funcionário do palácio disse que conhecia um menino de Belém chamado Davi (1Samuel 16,18) que tocava bem, falava bem, se vestia bem, era homem de guerra e o Senhor era com ele (olhe o currículo de Davi quando ainda era adolescente). O destino fez esse homem do palácio conhecer e se lembrar de Davi, o que era improvável. A capacidade pessoal do jovem o habilitou a cumprir o serviço, mesmo sendo muito novo. Mas o que gerou toda a oportunidade foi o problema que apareceu: o rei

Saul estava perturbado e precisava de alguém para tocar a harpa e acalmá-lo. Davi estava no lugar certo e preparado. Esse jovenzinho, em poucos anos, se tornaria o novo rei de Israel.

> A VIDA SE TRATA DE ENTENDERMOS QUAL É O NOSSO CAMINHO, EMPREENDÊ-LO E NÃO DESISTIR. EXISTEM PESSOAS QUE ESTÃO NA CLASSE DE TRABALHADORES COMUNS E GANHAM POUCO, BEM POUCO, MAS ESTÃO SATISFEITAS PORQUE TÊM UM PLANO DE SAÚDE E GANHAM TODO MÊS UM SALÁRIO – QUE PODE SER POUCO, MAS ESTÁ "GARANTIDO".

Isso é mentalidade e não há julgamento. Tudo bem! Outros, como o jovem Davi, são diferentes: se uma oportunidade maior se abre, eles se jogam.

Na classe de microempresários, alguns creem estar no auge. Sem saber que — assim como aconteceu comigo — ainda vão quebrar financeiramente, amadurecer ainda mais e ampliar muito a consciência. Com isso, serão catapultados a um nível superior na Escala de Níveis Financeiros.

A verdade é que:

> “AO HOMEM PERTENCEM OS PLANOS DO CORAÇÃO, MAS DO SENHOR VEM A RESPOSTA DA LÍNGUA.”
>
> (PROVÉRBIOS 16,1)

Por isso, sempre treino meus alunos para serem sensíveis espiritualmente a ponto de receber dicas do destino. Eu os treino para entender que os sinais divinos são direcionamentos do que devemos fazer e de qual é o próximo passo. Caso contrário, sabe o que pode acontecer? Sem compreender o que está pela frente, podemos estar no lugar errado e ainda comemorar, só porque o lugar atual — que ainda não é onde deveríamos estar — é um pouco melhor que o anterior.

Lembra-se da história de Davi? Após derrotar Golias, ele deixou de ser um simples pastorzinho de ovelhas e se tornou herói nacional e líder do exército de Israel. É uma evolução e tanto, concorda? Ser líder do exército é uma posição de muito prestígio, correto? Mas se Davi tivesse entendido que aquele era seu destino final e se dado por satisfeito, ele estaria errado. Estaria em desacordo com aquilo que Deus tinha preparado para ele.

Matar Golias, o gigante filisteu, foi uma grande vitória, mas Davi tinha nascido para ser rei, entende?

> **NÃO PODEMOS NOS ACOSTUMAR COM AS MIGALHAS SE O PÃO AINDA SERÁ SERVIDO.**

"PARA O ALIENADO, TEMPO É TEMPO. PARA O DESTINADO, TEMPO É OURO."

GANHE O MUNDO SEM PERDER A ALMA

O ACASO

> “PERCEBI AINDA OUTRA COISA DEBAIXO DO SOL: OS VELOZES NEM SEMPRE VENCEM A CORRIDA; OS FORTES NEM SEMPRE TRIUNFAM NA GUERRA; OS SÁBIOS NEM SEMPRE TÊM COMIDA; OS PRUDENTES NEM SEMPRE SÃO RICOS; OS INSTRUÍDOS NEM SEMPRE TÊM PRESTÍGIO; POIS O TEMPO E O ACASO AFETAM A TODOS.”
>
> (ECLESIASTES 9,11)

Nem sempre quem se preparou vai prosperar, pois, como lemos nas palavras do sábio rei Salomão:

> “[...] O TEMPO E O ACASO AFETAM A TODOS. ALÉM DO MAIS, NINGUÉM SABE QUANDO VIRÁ A SUA HORA: ASSIM COMO OS PEIXES SÃO APANHADOS NUMA REDE FATAL E OS PÁSSAROS SÃO PEGOS NUM LAÇO, TAMBÉM OS HOMENS SÃO ENREDADOS PELOS TEMPOS DE DESGRAÇA QUE CAEM INESPERADAMENTE SOBRE ELES.”
>
> (ECLESIASTES 9,12)

Quantas pessoas se esforçaram tanto e terminaram a faculdade para, hoje, precisar de alguém que lhes ofereça um emprego? Quantas outras sofreram um acidente e perderam a vida ainda muito jovens e nem sequer tiveram a chance de começar?

Ou seja, TUDO pode acontecer a TODOS. Mas, se você ainda está de pé, esse é um sinal a seu favor.

Resumindo, a vida oferece mais chances para quem está preparado, independentemente do que lhe aconteça, esteja pronto.

> SUAS REAÇÕES CRIAM PARTE DO SEU FUTURO.

HÁ ALGO A MAIS

Ao analisar a história de quem venceu financeiramente, ainda existe uma pitada de tempero que deve ser somada ao destino e à mentalidade: **a capacidade pessoal.**

Veja esta história contada por Jesus, é a famosa Parábola dos Talentos, e está registrada em Mateus 25,14-30:

> "E também será como um homem que, ao sair de viagem, chamou seus servos e confiou-lhes os seus bens. A um deu cinco talentos, a outro dois, e a outro um; a cada um de acordo com a sua capacidade. Em seguida partiu de viagem.

O que havia recebido cinco talentos saiu imediatamente, aplicou-os, e ganhou mais cinco. Também o que tinha dois talentos ganhou mais dois. Mas o que tinha recebido um talento saiu, cavou um buraco no chão e escondeu o dinheiro do seu senhor.

Depois de muito tempo, o senhor daqueles servos voltou e acertou contas com eles. O que tinha recebido cinco talentos trouxe os outros cinco e disse: 'O senhor me confiou cinco talentos; veja, eu ganhei mais cinco'. O senhor respondeu: 'Muito bem, servo bom e fiel! Você foi fiel no pouco; eu o porei sobre o muito. Venha e participe da alegria do seu senhor!'. Veio também o que tinha recebido dois talentos e disse: 'O senhor me confiou dois talentos; veja, eu ganhei mais dois'. O senhor respondeu: 'Muito bem, servo bom e fiel! Você foi fiel no pouco; eu o porei sobre o muito. Venha e participe da alegria do seu senhor!'. Por fim, veio o que tinha recebido um talento e disse: 'Eu sabia que o senhor é um homem severo, que colhe onde não plantou e junta onde não semeou. Por isso, tive medo, saí e escondi o seu talento no chão. Veja, aqui está o que lhe pertence'. O senhor respondeu: 'Servo mau e negligente! Você sabia que eu colho onde não plantei e junto onde não semeei? Então você devia ter confiado o meu dinheiro aos banqueiros, para que, quando eu voltasse, o recebesse de volta com juros. Tirem o talento dele e entreguem-no ao que tem dez. Pois a

“NÃO EXISTE UM MAPA PARA A RIQUEZA, MAS UMA FILOSOFIA DE VIDA QUE A PRODUZ.”

GANHE O MUNDO SEM PERDER A ALMA

quem tem, mais será dado, e terá em grande quantidade. Mas a quem não tem, até o que tem lhe será tirado. E lancem fora o servo inútil, nas trevas, onde haverá choro e ranger de dentes'."

O senhor da terra, um homem muito rico daquela época, sabia previamente quem tinha capacidade ou não, por isso confiou quantidades diferentes a cada servo. Para quem já tinha ideia de que não era produtivo o suficiente, confiou apenas um talento.

Cada servo usou as próprias habilidades de negociação e gestão emocional para multiplicar o que recebeu. Um deles, por nítida confusão, falta de autoconfiança e medo, enterrou o que havia recebido.

No final das contas, ele perdeu até o pouco que tinha e teve que transferir para quem produziu mais. Assim está escrito na Bíblia!

É o velho ditado: "O rico fica cada vez mais rico; e o pobre, cada vez mais pobre".

O mundo gira da mesma forma há mais de seis mil anos. É só estudar o passado que você entenderá melhor o futuro.

Por isso, apenas cerca de 1,5% da população realmente prospera e alcança as partes mais altas da escala. É necessário que fatores externos — e fora de nosso controle (o destino) — se casem com a nossa forma de pensar e nossa capacidade de realizar.

QUANDO O DESTINO LHE CONFIA UM **TALENTO**, A SUA **CAPACIDADE** DE MULTIPLICÁ-LO INFLUENCIARÁ SEU NÍVEL DE RIQUEZA E CONQUISTA.

CONSELHO: COMPREENDA QUAL É O SEU DESTINO, AUMENTE SEU NÍVEL DE CONSCIÊNCIA E DESENVOLVA SUAS CAPACIDADES.

Já parou para pensar por que, em uma família inteira, geralmente, só um, entre tantos, verdadeiramente enriquece ou se destaca?

No capítulo 2, explicarei com detalhes o tema da mentalidade. A seguir, observe como ela está ligada ao destino.

DESTINO + MENTALIDADE

SEM SE ESQUECER DO DESENVOLVIMENTO DA CAPACIDADE!

(MENOS DE 2% DA POPULAÇÃO MUNDIAL SE ENCAIXARÁ NESTE PERFIL)

Quando paro para pensar no resultado financeiro que alcancei na minha vida, foi consequência de destino, mentalidade e capacidade desenvolvida.

Quando analiso a vida de quem cruzou meu caminho e prosperou, foi o mesmo. O jeito como conhecemos pessoas, os negócios que chegaram até nós, nada foi coincidência.

Sim, a mentalidade estava pronta, a capacidade sendo desenvolvida, mas quem nos colocou no lugar certo, na hora certa com as pessoas certas, foi o destino.

SALOMÃO: QUANDO DESTINO E MENTALIDADE SE ENCONTRAM

De todos os filhos do grande rei Davi, somente Salomão teria a capacidade de aumentar o reino e as riquezas deixadas pelo pai.

Mas repito: **o destino precisa que você lhe corresponda.**

Salomão colaborou com seu chamado usando uma arma poderosa de construção de riqueza: a **sabedoria.**

Quando era bem jovem, ele a pediu, e Deus lhe concedeu (1Reis 3,5-14). Com isso, construiu seu legado.

Talvez você esteja destinado a algum tipo de riqueza, mas precisa avaliar se está fazendo sua parte, pois somente assim você colaborará de fato com o Plano Divino.

Raros são os que chegam ao topo da escala que mostro neste capítulo, mas, como afirmei, todos nós estamos encaixados em algum nível.

O seu crescimento financeiro pode depender do que estou lhe ensinando nestas linhas.

Fico bastante incomodado quando percebo que há destinados que não vão viver seu propósito, nem ocupar a vaga que seria deles nos lugares altos da Escala de Níveis Financeiros, simplesmente porque não despertaram a tempo.

No capítulo 2, você conhecerá dois tipos de pessoas em relação à construção da riqueza: os destinados e os alienados. Lá explicarei os termos, e o quebra-cabeça será preenchido na sua mente.

DESPERTE PARA O SEU DESTINO!

> "OS TEUS OLHOS VIRAM O MEU EMBRIÃO; TODOS OS DIAS DETERMINADOS PARA MIM FORAM ESCRITOS NO TEU LIVRO ANTES DE QUALQUER DELES EXISTIR."
>
> (SALMOS 139,16)

Como você reage ao destino determina como será a sua vida.

Mesmo tendo nascido e sido criado numa família de classe média baixa, no subúrbio do Rio de Janeiro, em frente ao Morro do Juramento (entre Irajá e Vicente de Carvalho, na Zona Norte carioca), e de ter estudado em algumas escolas públicas (apesar de ter passado por particulares também), dentro de mim havia uma chama para a grandeza. Eu não sabia bem o que seria, mas estava disposto a fazer algo para me tornar relevante.

Isso já era o meu destino me despertando. Bastava que meu comportamento acompanhasse o que foi escrito para mim, como lemos no trecho acima do Salmo 139.

> NÃO IMPORTA O TAMANHO DO SEU TALENTO, É O SEU COMPORTAMENTO QUE DEFINE AS MESAS NAS QUAIS VOCÊ PERMANECERÁ.

PESSOAS QUE MUDAM A REALIDADE

Deixe-me contar uma história que acompanhei por um bom tempo. Anos atrás, dois garotos de uma comunidade carente começaram a oferecer serviços de

“O DESTINADO SE DISPÕE A APRENDER SEMPRE, O ALIENADO ZOMBA DE QUEM ESTÁ PAGANDO O PREÇO DO SABER.”

GANHE O MUNDO SEM PERDER A ALMA

lava-rápido automotivo em um condomínio de luxo em Alphaville, em São Paulo. Eles tinham um combinado com os moradores: era necessário ter, pelo menos, dois carros por casa para eles agendarem. Sendo assim, eles iam até o condomínio e faziam o serviço, pelo qual cobravam R$ 75 por veículo. Portanto, no mínimo, eles recebiam R$ 150 por cada casa que fechava com eles.

Eles levavam o material de limpeza, mas usavam a água da casa, o que reduzia muito o custo deles. O negócio era bom para todo mundo. Os meninos ficavam felizes em ganhar, pelo menos, R$ 150 por dia, e os moradores não precisavam levar seus carros até um lava-rápido — cujo preço é superior — nem encarregar alguém de fazer isso.

A "empresa" dos meninos deu certo. Um vizinho viu a prestação do serviço e quis também. Em seguida, mais um. Pouco tempo depois, os empresários em formação já estavam atendendo moradores da rua de baixo e tinham até dez casas por dia para atender.

Sabe o que aconteceu? Passados alguns meses, os dois meninos já não estavam mais lavando carros. Eles recrutaram, na comunidade onde moravam, novos funcionários e passaram a gerenciar o negócio. Assim, conseguiram atender cada vez mais moradores. Escalaram o negócio.

Quero destacar alguns pontos. Eles viviam em uma comunidade, eram financeiramente pobres. Todos os seus vizinhos também. Não havia ali ninguém com poder ou influência. Os dois, então, decidiram buscar uma oportunidade nos condomínios de alto padrão.

Ambos eram jovens. Para começar o trabalho e receber novos clientes, tiveram que abrir mão de prazeres comuns a qualquer um da idade deles. Deixaram de sair à noite, deixaram de beber, de procurar namorada, de ir a jogos de futebol etc. Os dois tomaram uma decisão: vencer na vida. E estão conseguindo.

Muitos outros, da mesma idade e da mesma região, continuam sem dinheiro no bolso. Por quê? Porque nem sequer enxergaram a oportunidade que aqueles dois garotos agarraram. Mentalidade!

Hoje, os meninos que pediram uma oportunidade para o dono de um carrão oferecem emprego a jovens da comunidade.

Então, funciona assim: o **destino** os favorece permitindo que os moradores autorizem o trabalho da dupla dentro do condomínio. Isso não é comum.

A **mentalidade** de ambos define que vão atender casas com dois carros ou mais na garagem. E a **capacidade** de fazer bem-feito fideliza os clientes.

O básico é que preguiça, procrastinação e mentalidade limitada são inimigos da riqueza.

E em vez de esses meninos estarem julgando e criticando os ricos do condomínio, eles criaram uma estratégia de como fazer dinheiro com eles.

Conselho: não permita que seu cenário geográfico nem o que quer que esteja vivendo seja um fator limitador para a mudança de vida. Trace estratégias consistentes, avance e aproveite cada uma das oportunidades que surgirem.

OS PRAZERES EXCESSIVOS SÃO INIMIGOS DA PROSPERIDADE

Quem prospera não terá uma vida apenas de prazeres, mas muito mais de LIDERANÇA.

> “QUEM SE ENTREGA AOS PRAZERES PASSARÁ NECESSIDADE; QUEM SE APEGA AO VINHO E AO AZEITE JAMAIS SERÁ RICO.”
>
> (PROVÉRBIOS 21,17)

Salomão deixa claro nesse versículo que os prazeres excessivos são inimigos da riqueza. O prazer é uma celebração na vida do destinado e não uma rotina. A disciplina é a regra.

Destinados não se escravizam a prazeres, já os alienados costumam ser servos deles.

“DINHEIRO PARADO, ESTOCADO, NÃO TEM PROPÓSITO ALGUM. DEUS NOS DÁ RECURSOS PARA CRIARMOS SOLUÇÕES SOCIAIS PARA QUE AS PESSOAS SEJAM AFETADAS POSITIVAMENTE PELA NOSSA RIQUEZA.”

GANHE O MUNDO
SEM PERDER A ALMA

Quem vive no dia a dia, além de trabalhar, aproveita aquilo que alcança. Há duas maneiras de fazer isso, com prazeres lícitos e com ilícitos.

Lícitos: como viajar, comer em bons restaurantes, comprar algo material que era uma meta de vida, tomar um vinho com o cônjuge para comemorar algo, intimidade no casamento e por aí vai.

Ilícitos: drogas, prostituição, enganos e mentiras, pornografia, bebidas em excesso, jogatinas, orgulho etc.

> “SE VOCÊ ENCONTRAR MEL, COMA APENAS O SUFICIENTE, PARA QUE NÃO FIQUE ENJOADO E VOMITE.”
>
> (PROVÉRBIOS 25,16)

Até coisas excelentes ao paladar são nauseantes quando ingeridas em excesso.

Então, termino este primeiro capítulo alertando a você que riqueza exige foco, não distração. E os prazeres — lícitos em excesso e os ilícitos em qualquer quantidade — não combinam com isso.

> O PRAZER LÍCITO DEVE SER UMA RECOMPENSA, NÃO UM ESTILO DE VIDA.

Não posso mentir e dizer que conquistar riquezas não exigirá algumas perdas lamentáveis. Noites maldormidas, faltar a eventos familiares, ansiedade em algum nível, preocupações e pressões quase insuportáveis. Ao menos por um tempo, essa será a realidade de quem está construindo algo relevante, e é por isso que quem só busca conforto dificilmente prospera financeiramente.

Contudo, quem passa por essa fase e fica de pé consegue pegar na mão os seus frutos.

> ESSA É A RECOMPENSA DA FÉ, QUE NADA MAIS É DO QUE ACREDITAR SEM DUVIDAR DAQUILO QUE AINDA NÃO É UMA REALIDADE, COMO NOS AFIRMA O AUTOR DE HEBREUS 11,6.

Quanto ao Destino Rígido, não reclame dele nem se revolte contra ele, adapte-se e use o que parece ser desvantagem a seu favor. Não há outra forma!

Os desafios do Destino Rígido não precisam ser desculpas para você se vitimizar. Nada do que acontece no seu caminho é obra do acaso, você foi moldado na medida exata do seu destino.

Sobre o Destino Flexível, você tem a possibilidade de fazer escolhas. Está em suas mãos o poder de escolher com quem você se casará, que curso universitário ou de especialização estudará, a localização geográfica em que viverá, e por aí vai. Seja sábio ao tomar decisões; elas interferem no seu futuro financeiro.

E o Plano Divino é sempre perfeito. Fique espiritualmente sensível para viver o que está escrito sobre você. Isso dá certo.

Fique atento a esta informação: a sensibilidade espiritual nasce da rotina de oração, da leitura da Bíblia e dos jejuns. Explico sobre esse assunto em algumas aulas do Café com Destino, o programa diário gratuito que apresento em meu canal do YouTube.

Você entendeu o que é mentalidade?

Mentalidade é como você enxerga a vida e como pensa sobre a vida de acordo com sua história, conforme o que você experimentou ou não experimentou no passado.

Então, quando experimentar novas coisas e viver o que jamais tinha passado antes, sua forma de pensar mudará. Agora você compreenderá melhor as coisas. Conhecerá os dois lados da história por ter vivido ambos e, dessa maneira, terá capacidade para julgar melhor.

É importante que você se disponibilize a viver e a experimentar os prazeres lícitos de acordo com suas possibilidades.

Quando você vai jantar em um restaurante premiado, pode observar as diferenças daquele local, serviço e refeição em relação a um mais popular. Consequentemente, sua mentalidade é ampliada e você consegue entender o porquê das situações relacionadas a refeições de custos diferentes. A observação é muito importante para expansão da consciência. Aprenda a diferenciar os aromas e a saborear lentamente as texturas. Aproveite esse tempo sem usar telas e dê preferência a temas agradáveis na conversa.

Em uma viagem, por exemplo, se a sua condição financeira permitir, escolha um hotel com camas amplas, diversos e aconchegantes travesseiros. Fique atento ao cheiro que paira no ar de uma suíte elegantemente decorada. A leitura e a convivência com pessoas que estão em outro nível da escala financeira sao relevantes também.

Em 2017, voei em um avião privado pela primeira vez. Eu estava saindo de uma palestra e o contratante me disse que um dos palestrantes estava voltando para São Paulo em seu próprio avião e poderia me dar uma carona. Aceitei no mesmo instante! Fiquei deslumbrado com a facilidade de poder decolar no horário que você escolher, de não precisar enfrentar filas nem precisar fazer check-in. Aprendi que bastava simplesmente chegar de carro na pista e entrar na aeronave. Quando decolamos, a equipe de bordo serviu um lanche, e nós começamos a conversar. O conforto e a privacidade me chamaram a atenção. Tomei a liberdade de perguntar quanto havia custado aquele avião. O empresário e palestrante me respondeu: "Tiago, não tem a ver com comprar uma aeronave, mas, sim, com ter condições de mantê-la. Caro mesmo é fazer a manutenção, pagar os encargos e os custos fixos". Quando ele me disse a quantia que lhe custava mensalmente, meu coração quase parou! Julgando, pensei: "Por que gastar com isso? Voar por uma companhia aérea comercial é absurdamente mais barato". A decisão de ter um avião particular não fazia sentido para mim.

Em vez de continuar a julgá-lo, decidi entender o lado dele e lhe perguntei: "Na sua opinião, por que vale a pena ter este avião?". Ele sorriu e me perguntou: "Como você vai trabalhar todos os dias?", respondi-lhe que era de carro, pois o escritório ficava a cerca de dez minutos da minha casa com essa condução. Ele seguiu questionando: "Por que você não acorda mais cedo, caminha da sua casa até um ponto de ônibus, espera pela hora que ele passar, entra — caso não esteja lotado —, vai até o ponto mais próximo do seu escritório, desce e anda até lá? Vai sair muito mais barato ir de ônibus". Eu lhe disse que, para mim, não fazia sentido perder tempo, conforto e depender de a logística alheia funcionar corretamente para eu chegar ao trabalho. Para mim, o custo-benefício de ter o carro e pagar o combustível era melhor.

"QUEM PROSPERA:

- BUSCA INFORMAÇÃO;
- FAZ CONTATOS;
- TEM VELOCIDADE;
- DECIDE BEM E RÁPIDO;
- OBSERVA TUDO."

GANHE O MUNDO
SEM PERDER A ALMA

Sorrindo, ele me fez pensar: "Então, meu amigo. Tenho indústrias em várias cidades do Brasil, palestro em todo o território nacional. Pelas minhas entradas financeiras, não faz sentido algum ter que me submeter ao horário de uma companhia aérea — se ela cumprir o horário, e o voo realmente sair —, perder o tempo de chegar duas horas antecipadamente no aeroporto para despachar malas e fazer check-in e, por fim, não ter o conforto e a privacidade de um voo privado. Cumpro com mais facilidade e rapidez o meu propósito com a logística atual".

Nesse dia, minha mente se expandiu. Ao experimentar o que ele já vivia, entendi o que antes nem passava pela minha cabeça. Depois disso, nunca mais julguei a vida alheia; na verdade, passei a tentar aprender o outro lado. Seja algo bom seja ruim, sempre vou aprender o que fazer, o que não fazer, e o porquê de tudo isso.

Não podemos nos esquecer de também compreender: O que é capacidade pessoal?

A soma dos seus talentos, dons, aptidões, estudos, especialidades e preparo é o que resulta na sua capacidade pessoal. Quando você afia suas habilidades naturais com preparação intencional, seu nível de capacidade torna você apto para conquistas, inclusive as financeiras.

Em que nível da Escala financeira você está hoje?

Você se sente chamado ou até mesmo preparado para subir um nível?

O que você precisa fazer para que isso aconteça: ter novos relacionamentos profissionais? Mudar de ramo de atuação (é possível que sua prosperidade não esteja em algo que você ama atualmente, mas no que você terá que aprender a fazer, pois certamente é a melhor oportunidade)?

Você entendeu que os níveis da Escala são flutuantes? Há quem suba, mas também muitos descem de nível.

É importante você pensar no que precisa fazer para além de conquistar seu lugar, afim de não perdê-lo mais. Para manter-se no mesmo nível, sugiro que você aja com paciência, tenha conselheiros, faça o que faz bem-feito e desenvolva inteligência financeira.

Para subir na Escala sugiro: seja corajoso, tome decisões que envolvam riscos, junte-se a um grupo de pessoas que conheçam o caminho que você ainda não desbravou, torne-se especialista no assunto do próximo nível.

Prepare-se para o próximo capítulo, pois só estamos começando a jornada para ganhar o mundo sem perder a alma.

“O GENEROSO PROSPERARÁ; QUEM DÁ ALÍVIO AOS OUTROS, ALÍVIO RECEBERÁ.”

(PROVÉRBIOS 11,25)

Capítulo 2

Teorias da riqueza

Enquanto escrevia este livro, assisti a um vídeo do ex-presidente dos Estados Unidos, Ronald Reagan (1911-2004), que me chamou a atenção. Apesar de o tema do vídeo estar relacionado à política, o conceito pode ser aplicado ao conteúdo que apresentarei neste capítulo. Tomei a liberdade de substituir alguns termos e os destaquei para que fique clara a minha intervenção. Veja abaixo o que Reagan falou:

> Recentemente, perguntei à filha de um amigo o que ela queria ser quando crescesse. Ela respondeu: "Quero ser *rica*". Os pais dela, ambos *alienados*, estavam por perto, então perguntei: "Se você fosse *rica*, qual seria a primeira coisa que faria?". Ela respondeu: "Eu daria comida e casa para todas as pessoas em situação de

rua". Os pais dela sorriram, orgulhosos. "Uau, que objetivo nobre", eu lhe disse. "Mas você não precisa ser *rica* para fazer isso." Expliquei: "Você pode ir até minha casa agora, cortar a grama, arrancar as ervas daninhas, varrer a calçada, eu te pago 50 dólares. Depois, levo você até o mercado onde um morador de rua costuma ficar e você pode entregar os 50 dólares para ele usar com comida ou para começar a pagar uma casa". Ela pensou por alguns segundos. Em seguida, olhou direto nos meus olhos e perguntou: "Por que o morador de rua não pode ir até sua casa, fazer o trabalho, e você paga os 50 dólares direto para ele?". Eu disse: "Seja bem-vinda aos *destinados*". Os pais dela não estão mais falando comigo.

Essa pequena ilustração mostra a diferença entre duas maneiras de pensar e viver que são essenciais para o entendimento de tudo que apresento neste livro. Estudando sobre riqueza, tanto de forma prática quanto bíblica, consigo ver que as pessoas se dividem em dois grupos quando se trata de finanças e que há quatro tipos de mentalidade. Por isso, vou compartilhar com você agora mais duas teorias que formulei, com base em nossos dados e estudos dos últimos dez anos no Instituto Destiny.

A primeira:

DESTINADOS × ALIENADOS

Destinados são aqueles que sabem o que querem da vida. Às vezes, até demoraram para perceber, mas a ficha cai. Destinados escolheram vencer, apesar do passado e das circunstâncias atuais, não dão desculpas nem se fazem de vítima.

Eles são ambiciosos, mas não gananciosos. Consideram inadequado falar dos outros e não se metem na vida alheia, pois têm foco total na própria trajetória. Aprendem a amar a leitura e o conhecimento, gostam muito de trabalhar, se adaptam rapidamente a mudanças e são resilientes e generosos no que fazem.

E há os destinados que, além de ganhar o mundo, não vão perder a alma, porque temem a Deus (no último capítulo explicarei sobre isso).

Na vida dos destinados, nem sempre as coisas foram fáceis e vieram na mão, mas algumas circunstâncias desconfortáveis, inclusive doloridas, fizeram com que eles recalculassem a rota e entendessem os próximos passos. Flávio Augusto, fundador da Wiser Educação, também veio do subúrbio do Rio de Janeiro e começou a vida de empreendedor vendendo relógios para pagar as contas.

O destino colocou uma oportunidade à sua frente: vender cursos de inglês. No fim, ele aprenderia bastante sobre negócios com a pessoa responsável por esses cursos. Naquela época, não havia celular nem escritório organizado. Flávio usava um "orelhão" para trabalhar — em época de conexão via wi-fi e Inteligência Artificial fica até difícil explicar o que era um "orelhão", mas vamos lá: era um telefone instalado em locais públicos para uso da população e ficava dentro de uma estrutura que se parecia com uma orelha. Daí o apelido.

Bem, enfrentando as adversidades que param a maioria das pessoas, Flávio Augusto, por causa de sua mentalidade e capacidade pessoal, cresceu a ponto de montar o império financeiro que tem hoje. O capítulo 1 resume a história de vida de superbilionários construtores de ecossistemas e megaempresários: destino, mentalidade e capacidade pessoal.

SOMENTE UM DESTINADO ENRIQUECE!

Agora, não confunda ser um destinado com a teologia reformada da predestinação da salvação, que trata de um assunto completamente diferente. Aqui o tema é bem mais simples.

Uma pessoa financeiramente destinada é aquela que, independentemente do nível que ocupa na Escala dos Níveis Financeiros, despertou para uma vida de prosperidade. E, a partir desse momento, sonha e luta por um lugar melhor, como na história de Flávio.

Ela tem consciência de que nasceu para vencer e não admite depender de ser humano algum. Destinado é quem percebe seu futuro financeiro, fica obcecado por ele e simplesmente não aceita outra coisa.

Aos 19 anos decidi isto: "*Ninguém será dono do meu tempo. Eu vou decidir o quanto posso ganhar*". Eu era apenas um trabalhador comum ganhando salário mínimo, mas minha escolha estava feita. Demorei quase vinte anos entre essa decisão e a liberdade financeira. Ampliar a mentalidade e desenvolver capacidade pode levar tempo, mas aconteceu!

Já os **alienados** não sabem muita coisa. Vivem em confusão mental, falam de tudo e todos, reclamam sempre, são imediatistas, invejosos e têm muito ódio de quem tem o que eles não têm. A vida é dura para quem vem das camadas mais populares? Sim. A desigualdade social impede milhares de pessoas de terem seu lugar ao sol? Sim.

Mas o que dizer daqueles que nasceram sem esperança, foram rejeitados pela sociedade, pela família e mesmo assim tiveram sucesso? Esses são tudo, menos alienados. Eles tomaram o timão do barco da própria vida e assumiram o protagonismo. Essa é a história da apresentadora Oprah Winfrey, que nasceu em região de extrema pobreza, sofreu abusos na infância, foi rejeitada pela mãe, e fez disso tudo combustível para lutar e se tornar uma pessoa bem-sucedida, grande apresentadora de TV, bilionária e empresária.[1]

Pois bem. Os alienados simplesmente se recusam a aprender e, inclusive, gostam de depender de pessoas. Ele é um zombador, não gosta de esforço e não desenvolve a inteligência, nem a emocional nem a cognitiva. Por essa razão vive, de certa forma, à margem do sucesso e não enxerga as oportunidades que passam diante de seus olhos.

Eu acredito que alguns alienados vão despertar e, com força de vontade, podem se enquadrar na categoria que propus de destinados financeiros, mas sei também que serão pouquíssimos. As estatísticas não mentem. Entendo perfeitamente que muita gente está em fase de transição, tanto nos níveis da escala quanto em termos de mentalidade. Eu já pensei como um alienado, mas transicionei com a expansão de *mindset*. Há esperança!

Veja bem, quem é destinado recebe um talento e o multiplica. O alienado também recebe um — porque Deus é justo —, mas o enterra, tal qual vimos no capítulo anterior, quando falamos sobre a Parábola dos Talentos (Mateus 25, 14-30).

Eu recebi o talento de falar em público (um dos grandes medos da humanidade) e ao perceber isso

---

1 PICCOTTI, Tyler. Oprah Winfrey. *Biography*, 4 fev. 2025. Disponível em: https://www.biography.com/movies-tv/oprah-winfrey. Acesso em: 26 jul. 2025.

“SE VOCÊ
NÃO DER UM
DESTINO AO
DINHEIRO, ELE
DARÁ UM A
VOCÊ.”

GANHE O MUNDO
SEM PERDER A ALMA

comecei a estudar conteúdos que somariam aos meus arquivos mentais para um dia ser palestrante e escritor. Multipliquei um dom com esforço e dedicação.

Destinados, em geral, leem livros; os alienados acabam se acostumando a ver qualquer coisa na TV, apenas para se distrair. Destinados buscam aperfeiçoar seus comportamentos; alienados costumam ser irresponsáveis e indisciplinados.

A ESCALA DE NÍVEIS FINANCEIROS E OS DESTINADOS VS. ALIENADOS

Agora, na classificação de riqueza que apresentei, o topo da Escala de Níveis Financeiros está reservado aos gênios criadores de ecossistemas, como Mark Zuckerberg (1984-), Bill Gates (1955-), Elon Musk (1971-), José Batista Sobrinho (1933-), Jorge Paulo Lemann (1939-), Warren Buffett (1930-) etc. Eles determinam o ritmo dos negócios no mundo e, sem seus negócios, o mundo pararia de alguma forma.

A brasileira JBS é uma das maiores empresas de alimentos do planeta. Imagine se hoje, da noite para o dia, ela parasse de fornecer proteína para os países? Pense por um minuto o que aconteceria se Zuckerberg suspendesse o Instagram e o WhatsApp. De certa forma, a humanidade precisa dos criadores de ecossistemas.

A segunda categoria, os megaempresários, adapta-se ao sistema criado pelo topo e o multiplica aos outros níveis. Por essa razão, muitos críticos, em vez de julgarem os ricos, deveriam entender a importância dessa engrenagem para a subsistência dos demais.

Isso se transforma em uma cascata que alimenta toda a cadeia alimentar, por assim dizer: empresários, artistas, políticos, esportistas, microempresários e funcionários de nível gerencial, funcionários de alto escalão, trabalhadores comuns e pessoas em vulnerabilidade social que recebem ajuda e socorro de quem está acima na escala.

Ao compreender a Escala dos Níveis Financeiros, cada pessoa pode enxergar com maior clareza onde está e para onde deseja ir. E lembre-se de que para cada nível há um peso e uma responsabilidade diferentes. Esteja ciente disso!

O segredo é também não permitir que crenças limitantes impeçam o seu avanço nem deixar que o medo de prosperar afaste o propósito maior da sua existência. Gestão emocional é essencial.

Visualizar cada pessoa da Escala de Níveis Financeiros ajuda a entender um pouco mais sobre quem são os destinados e os alienados do mundo, a partir da teoria que proponho aqui. Afinal, como vimos, os tipos possuem determinadas características que não os permite avançar, portanto, não se encontrará um alienado na categoria de criadores de ecossistemas, por exemplo, porque um criador é alguém disruptivo e inconformista — o oposto do que faz com que um alienado seja assim identificado.

USE SEUS RECURSOS COM SABEDORIA E MUDE SUA VIDA

Os destinados sempre encontrarão força em ambientes ou em pessoas para se livrar das armadilhas do caminho. Os alienados, infelizmente, seguirão apenas sobrevivendo. Por isso amo fazer eventos de despertamento pessoal, como a Conferência Destino, a Noite de Destino (palestras pelo Brasil e pelo mundo afora) e vários outros que promovo com a intenção de chacoalhar mentes e abrir olhos para o futuro.

Portanto, se você percebe que é um destinado, selecione com sabedoria os ambientes que frequenta e as pessoas com quem convive, pois inconscientemente aprendemos com eles. Leia livros, vá a palestras, faça cursos e mentorias. E caso esteja com poucos recursos, hoje em dia há conteúdos excelentes gratuitos na internet, além de incontáveis eventos presenciais sem custo. Procure pessoas mais experientes que possam lhe aconselhar. Pague o preço necessário, seja tempo, dinheiro ou serviço voluntário. Não abra mão disso.

Quem entende que nasceu para algo maior e que está apenas em processo de aprendizado e evolução para alcançar seu destino está sempre se questionando. Não de maneira desrespeitosa, não para afrontar, mas para entender mais. Ele tem a necessidade de desbravar os mistérios da vida.

Dependendo dos ambientes que frequenta e das pessoas com quem se conecta, seus pensamentos são levados para algo do tipo: "Como faço para sair desse serviço braçal e ser uma pessoa que trabalha com a mente? Não porque quero ser chefe, mas porque sinto que fui chamado para governar".

Não importa quanto tempo leve, essa pessoa vai conseguir um *upgrade*.

DESTINADOS SÃO OBSTINADOS

A maioria das pessoas é conformada com o que é c com o que tem, e não há nada de errado nisso. A felicidade independe do poder financeiro, esteja certo disso.

Mas que fique claro que nem todos têm a mentalidade — que inclui ambição — de avançar e, por isso, há vagas disponíveis em todas as fases da Escala de Níveis Financeiros, mas principalmente na base da pirâmide (pessoas em situação de vulnerabilidade social, extrema pobreza e até mesmo desempregados) e entre os trabalhadores comuns.

Ressalto aqui: sabemos que há muita gente na base da pirâmide, sobrevivendo como alguém em extrema pobreza, por exemplo, e não é por escolha nem preguiça. É sabido que as injustiças sociais são pesadas, verdadeiras e que nem todos tiveram acesso e oportunidade. Essas são as pessoas que temos a responsabilidade de apoiar e socorrer. Vale lembrar que nenhum nível da escala é permanente. Existem os que sobem e os que descem.

Bom, somente cerca de 1,5% da população mundial tem, de fato, liberdade de ESCOLHA. Essa liberdade geralmente é oferecida pelos ganhos financeiros, que por sua vez estão ligados à obstinação e a todos os fatores que já expliquei anteriormente.

Poder escolher o que vai comer, para onde viajar, onde viver, o que fazer com seu tempo, com o que vai trabalhar e os ambientes que vai frequentar é liberdade, e isso é conquistado por pouquíssima gente.

SOBRE DESTINO

Quando eu era adolescente, meu sonho era ser músico. Aos 15 anos, comecei a trabalhar em um estúdio de gravação. Naquela época, meu coração acelerava

“O DINHEIRO SEMPRE TENTARÁ IMITAR AQUILO QUE SÓ DEUS PODE DAR A VOCÊ DE VERDADE COMO: SEGURANÇA, PAZ, SAÚDE E SALVAÇÃO.”

GANHE O MUNDO SEM PERDER A ALMA

e os olhos brilhavam quando o assunto era música. Ainda assim, percebi duas coisas trabalhando no estúdio: eu não era tão bom nisso quanto imaginava, apesar de ter certo talento; e aquele trabalho não me daria ganhos suficientes para ter a liberdade financeira que eu imaginava para o meu futuro.

E, para mim, prosperar era mais importante do que ser músico. Já naquela época eu entendia que o poder de escolha, a liberdade geográfica e a realização de grandes projetos estavam diretamente conectados ao nível financeiro da pessoa. Por essa razão, tenho a impressão de que sempre fui um destinado.

Conclusão: aos 20 anos, pedi para sair desse emprego antes tão desejado. Minha tentativa seguinte foi como vendedor autônomo de empréstimos consignados e passagens aéreas no centro do Rio de Janeiro. Escolhi esse caminho porque me disseram que, com as comissões, eu poderia ganhar mais. Sabe, a motivação financeira nunca deve ser prioridade, mas, na verdade, ela ajuda sim a escolher caminhos.

Abandonei o "sonho" da música (que hoje percebo que era apenas um precioso hobby) e deixei fluir dentro de mim o sentimento de que algo maior estava à minha espera. O meu tempo como vendedor foi uma escola ao ar livre. Só hoje entendo isso.

Destino é assim: ele fecha as portas erradas para abrir aquela que é sua. O treinamento de que você precisa para viver o que o futuro trará será durante a sua jornada. Sempre na jornada.

APRENDENDO NO CAMINHO

Com 19 anos, vislumbrei que nasci para algo relevante. Só não sabia o que era ainda.

Com 21, decidi que deveria me casar e que aquela era a hora de escolher alguém. Na minha cabeça, casar cedo me faria focar mais a prosperidade e cumprir um propósito.

Havia uma jovem com quem eu convivia na época e, a meu ver, ela seria "perfeita" para viver essa missão de vida comigo. Além de estar apaixonado, notava que ela tinha as características que eu procurava em alguém para me relacionar. Então, tomei a atitude e a convidei para sair e jantar comigo (na minha mente, já rolava um clima). Como ela aceitou o convite, tomei coragem e, na mesma noite, pedi para namorar e para me casar com ela.

Ela sorriu e me dispensou rapidamente.

Mais uma vez, o destino disse "não" a algo que, em meu coração, já estava decidido.

Pobre Tiago. Eu ainda não sabia que não podia tudo. Ainda não entendia que somos limitados e dependentes de fatores externos (como a vontade de outra pessoa) para que as coisas aconteçam a nosso favor.

Fiquei tão desapontado. Parecia que meu mundo havia desmoronado. Você já se sentiu assim?

Esse episódio aconteceu 23 anos atrás, e como é bom perceber que Deus realmente sabe de tudo e tem o melhor para cada um. Se você corresponder ao destino, terá dores pelo caminho, mas vai abraçar a vitória no final.

Seis meses depois, conheci Jeanine. Hoje está claro, bem claro, que somente ela, com quem estou casado há vinte anos, suportaria todo o processo comigo. Somente minha Jeanine teria a capacidade de me ajudar a construir o que construímos e, inclusive, gerar os nossos quatro lindos filhos.

Se eu estivesse trabalhando com música e tivesse casado com quem minha "paixão" apontou na época, eu, provavelmente, não seria nada além de um alienado ou, pelo menos, não teria chegado até aqui.

> **O DESTINO DÁ PISTAS.**
> **GRAÇAS A DEUS, EU AS SEGUI.**

Destino se identifica espiritualmente. Uma vida de oração, devoção e leitura da Sabedoria Milenar deixam qualquer pessoa mais sensível aos direcionamentos divinos.

A mentalidade, por sua vez, se expande com convivência, leitura de livros, viagens, ambientes, pessoas corretas e experiências.

> DESTINO SE DECIDE NO SECRETO COM DEUS.

Quando o Todo-Poderoso aparece a Abraão (o relato está em Gênesis 17) e promete multiplicar sua descendência e fazê-lo prosperar, além de anunciar que reis da Terra iriam proceder dele, Abraão pede a Deus para deixar que Ismael (seu filho com a sua serva Hagar) fosse seu herdeiro e sucessor. No entanto, Deus responde dizendo que tem outros planos e, mesmo com quase 100 anos, Abraão ainda gera outro filho, desta vez, com sua esposa Sara e a criança se chamaria Isaque. E com Isaque Deus faria uma aliança.

Não é do jeito que a gente imagina ou deseja. Precisamos entender a vontade divina para não perdermos tempo nem ficarmos "batendo cabeça" com nossas escolhas.

E, realmente, Isaque nasce, cresce, teme a Deus, transforma-se em um grande empreendedor e se torna o herdeiro do pai da fé, Abraão.

Lembre-se: há pessoas que usaram o destino e a mentalidade vencedora apenas para fazer dinheiro, e tudo bem. Mas o que desejo lhe ensinar neste livro é prosperar e enriquecer sem vender sua consciência, sua alma e principalmente, como falarei em detalhes no último capítulo, sem perder a salvação eterna. Em outras palavras, impactar pessoas, melhorar o mundo!

Quando penso nessa dinâmica de destinados e alienados, me vem à mente uma teoria fascinante que aplico no Método Destiny, meu treinamento em Princípios Milenares, que já impactou mais de 20 mil pessoas presencialmente nos últimos três anos. Essa teoria já é objeto de estudo para artigos científicos e universitários, inclusive. Com ela, o conceito de mentalidade que proponho neste livro ficará mais claro. E mais: você terá acesso a um conhecimento ímpar que fará sua consciência se expandir.

Segue, então, a teoria número 2 deste capítulo.

A MENTE DE DESTINO

Os quatro níveis de mentalidade:

Mente 1: Mentalidade de sobrevivente
Mente 2: Mentalidade de executor
Mente 3: Mentalidade de empreendedor
Mente 4: Mentalidade de destino

“QUEM PRODUZ SEMPRE TERÁ MAIS RESULTADOS DO QUE AQUELE QUE TEM APENAS TALENTO. SUA PRODUTIVIDADE É MAIS IMPORTANTE QUE SEUS DONS.”

GANHE O MUNDO SEM PERDER A ALMA

Esse tipo de mentalidade corresponde a mais da metade da população.

A pessoa que tem mentalidade de sobrevivente pensa pouco no longo prazo. Um exemplo é que o mais distante que consegue planejar é sobre como será o fim de semana. Se tiver garantida a diversão de sábado e domingo, estará feliz e realizada. Seus relacionamentos são superficiais e ela odeia ser repreendida, pois acredita que sempre está certa.

O sobrevivente é 100% emocional em suas reações e seus pensamentos. O que ele sente fica aparente nas expressões faciais e nas atitudes. E dentro dele não há nem um pingo de racionalidade sequer! Como padrão de vida, segue o pensamento clássico: quando está triste, bebe para esquecer dos problemas; quando está feliz, bebe para comemorar. Não tem nenhum sonho, projeto de futuro nem iniciativa.

É alguém altamente influenciável! Faz o que todos estão fazendo e precisa de alguém para conduzi-lo e direcioná-lo. Não tem nenhum tipo de autoconfiança. É o tipo de presa fácil para influenciadores da internet que querem apenas tirar vantagem e para maus políticos, gerando engajamento para as páginas de fofoca, compartilhando fake news e fazendo ataques virtuais sem sentido a quem é bem-sucedido.

Sobreviventes são influenciados por familiares e por outras pessoas do convívio pessoal. Normalmente é assim que muitos deles escolhem o time de futebol, a profissão e até mesmo os hobbies. Querem fazer parte de algo que todos participam e que tenha vitórias para que se sintam vencedores, já que na vida pessoal nada acontece.

Essas pessoas são imediatistas: querem tudo de modo fácil e resolvido na hora. Isso faz com que tenham maior tendência a cair em golpes o tempo todo e a serem levados por qualquer falsa conversa.

Seus objetivos são tão simples quanto andar para a frente: salário mínimo garantido e tempo livre para assistir ao programa favorito na TV. Com essas conquistas, são capazes de dizer orgulhosamente: "Tenho tudo de que preciso. Minha vida é perfeita".

Uma das principais características da pessoa com mentalidade 1 é a zombaria.

Ela sempre vai desdenhar de quem paga por conhecimento, sempre vai caçoar de quem deixa de aproveitar um tempo de diversão para trabalhar. Se você procurar a palavra "zombador" na Bíblia NVI on-line, por exemplo, vai encontrar muitos versos de Provérbios, todos MUITO fortes (reserve um tempo para fazer essa pesquisa mais tarde).

Veja um deles:

> “OS CASTIGOS ESTÃO PREPARADOS PARA OS ZOMBADORES, E OS AÇOITES PARA AS COSTAS DOS TOLOS.”
>
> (PROVÉRBIOS 19,29)

MENTE 2: MENTALIDADE DE EXECUTOR

Esse tipo de mentalidade é o que enche as empresas, indústrias e corporações.

É um grupo muito necessário, pois são os trabalhadores de que precisamos, mas que raramente vão progredir na Escala de Níveis Financeiros, e isso traz equilíbrio a tudo. Imagine se todos quisessem estar no topo, quem faria o trabalho cotidiano do qual tanto dependemos?

Esse grupo geralmente está no nível de trabalhadores comuns e, alguns poucos, dependendo da oportunidade oferecida pelo destino, tornam-se microempresários e funcionários de nível gerencial. No geral, quem se enquadra nesse tipo de mentalidade vive na famosa “corrida dos ratos”, pensamento popularizado pelo autor e empresário Robert Kiyosaki, que afirma que a maioria das pessoas (no caso, executores) se prendem à rotina de trabalho, recebendo rendimentos que lhes permitam apenas pagar as contas e ter uma vida razoável, sem nunca alcançar maior liberdade financeira nem mesmo se arriscar em empreendimentos.

As características de um executor são bem comuns: só faz o que lhe mandam; é centralizador, pois nunca quer perder a posição que já conquistou; aceita ser exortado, mas não tem capacidade de mudar; geralmente é bem-comportado e leal no trabalho. Procura fazer bem-feito o que lhe foi pedido, embora jamais o fizesse por vontade ou iniciativa própria. Não é proativo, salvo raras exceções. É guiado pelas emoções, mas tem períodos de racionalidade.

Para Jesus, esse tipo de mentalidade é muito ruim. Vamos ler?

> “SERÁ QUE ELE AGRADECERÁ AO SERVO POR TER FEITO O QUE LHE FOI ORDENADO? ASSIM TAMBÉM VOCÊS, QUANDO TIVEREM FEITO TUDO O QUE LHES FOR ORDENADO, DEVEM DIZER: 'SOMOS SERVOS INÚTEIS; APENAS CUMPRIMOS O NOSSO DEVER'.”
>
> (LUCAS 17,9-10)

Essas palavras são de Jesus.

Fazer somente o que se espera de você não é uma inutilidade, segundo a Sabedoria Milenar. Ainda assim, aconselho: faça sempre mais do que é pedido!

Nesse tipo de mentalidade, o jogo pode mudar. As chances são inúmeras para quem tem a mente 3.

O empreendedor pensa em negócios, tem metas financeiras, faz planejamentos de médio e longo prazo, foca em networking e relacionamentos estratégicos, cuida da aparência, usa as redes sociais adequadamente e se torna um bom comunicador. Além disso, começa a assumir alguns riscos e tem ousadia para assumir o próprio destino financeiro. Não terceiriza seu futuro e seleciona com cuidado o que vê e escuta.

A pessoa com mentalidade de empreendedor lê mais livros e frequenta ambientes de conhecimento, como cursos, palestras, mentorias, conferências e afins. Também não caminha com zombadores, apenas com quem a puxa para cima.

Sonha alto e trabalha com foco e, acima de tudo, planeja com inteligência e geralmente de acordo com conselhos.

> "OS PLANOS BEM ELABORADOS LEVAM À FARTURA; MAS O APRESSADO SEMPRE ACABA NA MISÉRIA."
>
> (PROVÉRBIOS 21,5)

“SE VOCÊ QUISER PROSPERAR, ESCOLHA O QUE DÁ CERTO E NÃO O QUE VOCÊ QUER.”

GANHE O MUNDO SEM PERDER A ALMA

Essas pessoas não têm medo de correr nenhum tipo de risco. São obstinadas ao extremo, chegando a ter traços sociais questionáveis, como serem insensíveis e adaptáveis a qualquer situação.

Não dão nenhuma importância para o que os outros acham, são ultrafocadas, autodirigidas, imparáveis e adaptáveis a qualquer situação. Não precisam de motivação alheia para continuar o que devem fazer. Sua visão de longo prazo os ajuda a decidir com rapidez e a ter paciência para esperar pelos resultados.

A mente 4 não se preocupa com aparências, mas com resultados reais. Ela é de pouca emoção e de MUITA razão. Não age por impulso, é calculista e sabe recrutar pessoas melhores nas áreas que ela não domina.

Em geral, quem tem a mentalidade nível 4 se torna um megaempresário ou um criador de ecossistemas. São pessoas cujas realizações ganham espaço no noticiário, cujos feitos inspiram publicações nas redes sociais de empresários e empreendedores. Mas há mentalidade 4 em microempresários e mentalidade 2 em herdeiros multimilionários.

Por ser um excelente comunicador, esse tipo de mente consegue persuadir grandes multidões a acreditarem e seguirem suas ideias. Por não conseguir trabalhar para ninguém, cria o próprio "sistema de governo". Quando se espiritualiza, leva a espiritualidade a sério e realiza grandes feitos por meio da fé.

Neemias, cuja história está registrada no livro bíblico que leva seu nome, é um grande exemplo. Ele foi um judeu que viveu como escravizado na antiga Pérsia, servindo a mesa do rei Artaxerxes, um dos maiores governantes do mundo. Ele viveu em Susã, atual Irã, cerca de 460 anos antes de Cristo (Neemias 1-2).

Olhe como é o destino: mesmo em situação de servidão, Neemias foi colocado na mesa de um rei. Como o destino dá pistas, Neemias tinha que aprender como se comportar numa corte real, portanto, aprendeu o que é servido na mesa real, nos banquetes da corte, a se portar diante de um rei e conheceu a mentalidade dos governantes.

Um dia, Neemias recebeu a triste notícia de que sua cidade, Jerusalém, havia sido destruída. Ele entrou com aparência triste na sala do rei para servi-lo, e Artaxerxes, ao ver seu semblante, percebeu que algo estava errado.

Por que um rei, um soberano, uma autoridade suprema, iria se importar com um servo, um empregado? Ainda mais na época em que os governantes viviam sem fiscalização nem controle externo. Acredito que Neemias sabia se relacionar e conquistar pessoas, o que é característico do seu nível de mentalidade.

Quando é questionado pelo rei sobre o que havia acontecido, Neemias não hesita, de maneira direta e simples, como manda a regra da comunicação excelente, deixa-o a par da situação de sua cidade amada. Artaxerxes, então, pergunta: "O que posso fazer por você?".

Neemias JÁ SABIA O QUE QUERIA! Ele não precisou pedir nem sequer um minuto para pensar.

A mentalidade 4 sempre sabe o que quer. Não tem dúvidas, tampouco devaneios sobre o próximo passo, nem sobre sua jornada nesta terra.

Então, o servo judeu respondeu prontamente: "Quero que me liberte para viajar a fim de reconstruir Jerusalém. Também quero cartas para passar nas fronteiras e conseguir a madeira necessária para a obra" (Neemias 2,5-10).

O rei concordou e, tempos depois, aquele que outrora era um copeiro do rei, tornou-se GOVERNADOR de Jerusalém.

Quem tem mentalidade do nível 3 ou do nível 4 dificilmente ficará muito tempo em um lugar que não seja o seu destino. Fica ali para aprender, amadurecer, conhecer pessoas estratégicas. É o que chamo de processo da vida.

DESTINO ACONTECE. MENTALIDADE VOCÊ CONSTRÓI.

Mentalidade nível 4 tem como característica forte a coragem. Foi o caso de Josué, sucessor do grande líder Moisés. Deus apenas falou com ele: "Meu servo Moisés morreu, você assume agora, mas seja forte e corajoso" (Josué 1,1-9), e ele obedeceu.

> NUNCA VI ALGUÉM VENCER NA VIDA SEM CORAGEM.

Depois de anos vagando pelo deserto com Moisés, Josué conduziu Israel à vitória, cumprindo fielmente seu propósito e tomando a Terra Prometida. Seu exemplo mostra que aquele que tem mentalidade expandida sabe qual direção seguir, age com autoridade e não permite que o medo roube sua visão do futuro nem abale sua fé.

Mentalidade é quando a ficha cai e você diz para si mesmo: "Ahh! agora eu entendo". É quando coisas que antes você julgava agora fazem sentido. Mentalidade se trata de estar aberto ao novo e a aprendizados diferentes ao de costume. É querer aprender o porquê da realidade do outro em vez de apontar o dedo.

Acredito que agora esteja clara a importância do seu tipo de mentalidade para a jornada de construção da riqueza, pois cada tipo garante acesso a um dos degraus da Escala de Níveis Financeiros.

Você está satisfeito onde está ou quer subir mais?

E reitero: não há mal algum em nenhuma das opções. Apenas decida o que quer.

Mas vamos continuar. Bom, por causa da mentalidade baixa, ou seja 1 e 2, e da alienação, surge um tipo de pessoa que nos dias de hoje está cada vez mais comum.

O HATER DA RIQUEZA

Tem gente que até tem vontade de ficar rico ou de conquistar algumas coisas, mas revela que não é um destinado — ou decidiu ficar alienado — ao falar mal de quem prosperou ou atacar quem está brilhando. Pessoas que conquistaram títulos e diplomas, mas se comparam financeiramente com um youtuber que nunca estudou e construiu fortuna. Muitos se torturam por isso.

Outros que, por escolhas erradas, falta de determinação ou por injustiça social estão em desvantagem financeira e, em vez de planejar uma "virada", vivem de amaldiçoar quem conquistou algo.

A cobiça e a inveja são os sentimentos básicos dos alienados.

Chamo essas pessoas de "*haters* da riqueza", que em geral são pessoas com mentalidade tipo 1 ou 2. Como percebem que essa não é a realidade deles, assumem a postura de ódio e ataque — ignorância e

"VOCÊ NÃO RECEBE DINHEIRO PELA IMPORTÂNCIA QUE TEM, MAS GANHA PELA RARIDADE DO QUE POSSUI EM SEU INTERIOR."

GANHE O MUNDO SEM PERDER A ALMA

emoções destrutivas típicas de quem não vai vencer na vida financeira.

Pessoas que têm um sonho financeiro são atraídas pelos resultados de quem prospera; brota um sorriso no rosto delas quando veem isso. Elas reconhecem o quanto a prosperidade contribui para a humanidade. Já os alienados, zombam e destilam rancor em relação aos que enriquecem.

Um exemplo clássico foi quando batizei o Thiago Nigro, um influencer financeiro de sucesso, no rio Jordão, em Israel. Todo ano, faço essa viagem com um grupo de pessoas. Nigro era ateu e, cerca de um ano e meio antes, comecei a compartilhar diariamente a fé em Cristo com ele.

Quando Deus quis, o tempo chegou, o coração dele foi amolecido, e Nigro creu em seu coração que Jesus morreu pelos nossos pecados e ressuscitou dos mortos. Então, o passo seguinte foi o batismo.

Chegou o dia e foi emocionante. Meu conselheiro de negócios e amigo, o bem-sucedido empresário brasileiro Flávio Augusto, estava conosco nessa viagem emprestando seu talento musical, tocando violão, enquanto eu realizava a cerimônia batismal.

A foto de Nigro ressurgindo das águas do Jordão foi publicada no Instagram. Milhões de pessoas curtiram, mas me chamaram a atenção os milhares de comentários do tipo: "Agora quero ver vender tudo que tem e dar aos pobres"; "Dinheiro não compra vaga no céu; lugar de rico é no inferno", e tantos outros parecidos.

Esses são os *haters* do dinheiro e os ignorantes da fé, por isso afirmo categoricamente que eles nunca o terão. Não é que eu deseje isso, são as estatísticas que comprovam e deixam isso muito claro. Cem por cento de quem está falando mal e julgando a situação financeira alheia não tem a mesma condição.

Sobre os ignorantes da fé, eles usam textos como "dificilmente o rico entrará no reino dos céus" ou a passagem do "jovem rico" que desistiu de seguir a Jesus depois que soube que teria de vender o que tinha e dar aos pobres, para defender a pobreza e o ataque à riqueza. Mas não é necessário ser um teólogo para entender que a Bíblia não está condenando o rico pela sua riqueza e, sim, pelas atitudes do coração. Para essas pessoas, falta entendimento básico do texto bíblico e de seu contexto.

Os *haters* da riqueza não se alegram com a vitória. Eles julgam e atacam, às vezes sem fundamento algum, quem está vencendo. Não conhecendo de verdade as Escrituras, usam o que está escrito para tentar desmoralizar a conquista de outros.

Certa vez, um grande empresário e influencer brasileiro cruzou comigo em um hangar no aeroporto de Goiânia. Como é de costume dele, sua equipe já chegou filmando e subindo os vídeos nas redes sociais, e ele foi me cumprimentar na porta da nossa aeronave.

Esse vídeo vazou na internet, e os comentários eram os mais cruéis e ignorantes possíveis: "Comprar isso com dinheiro dos fiéis é fácil". Bom, não dependo financeiramente nem pastoreio nenhuma igreja. A acusação não tinha o menor sentido. Teve mais: "Já recebeu sua recompensa na Terra; no Céu, não terá nada para receber". O avião é para trabalho e cumprimento de propósito, não uma recompensa. Mas só quem tem consciência expandida compreende essas coisas. Outro comentário foi: "Gastando com luxo e tanta gente morrendo de fome". Bem, há mais pobres no mundo do que eu teria condição de ajudar sozinho, mas, ainda assim, tenho projetos sociais gigantescos que envolvem doações milionárias para ajudar e socorrer os necessitados, em especial crianças e pessoas com deficiência.

Então, o ódio aos que venceram e aos que têm dinheiro, somado à falta de mentalidade, faz com que os *haters* tenham todo esse trabalho cruel e incansável na internet.

Enquanto eles gastam tempo julgando e atacando a vida alheia, os chamados para a riqueza estão produzindo — inclusive gerando empregos —, por isso não têm tempo para responder ao ódio. Quem vai vencer financeiramente está focado em projetos e não na vida alheia.

“O BÁSICO PARA COMEÇAR A ENRIQUECER É TER ACESSO, SEJA A INFORMAÇÃO, SEJA AO CONHECIMENTO, SEJA A PESSOAS E OPORTUNIDADES.”

GANHE O MUNDO
SEM PERDER A ALMA

> **VOCÊ NÃO TERÁ AQUILO QUE NÃO ABENÇOA E VAI EXPULSAR DA SUA VIDA AQUILO QUE AMALDIÇOA.**

Então, cuidado com o que fala e pensa sobre dinheiro e atenção com as oportunidades que aparecem diante de você. Deus é justo.

Encerro lhe perguntando: você já agradeceu a Deus hoje por estar lendo este livro? Porque essa é uma maneira de pensar dos destinados a vencer nesta vida e que ainda ajudarão muita gente.

Busque aprender com as valiosas lições da Sabedoria Milenar deste capítulo, para se tornar um destinado, e não um alienado. Somente assim a riqueza estará ao seu alcance!

RESUMO:

Os destinados sabem o que querem em relação a dinheiro, família, fé e futuro. Eles não se fazem de vítima, mas estudam o que ainda não sabem, sem vergonha nem orgulho. Eles também administram o tempo com propósito e adaptam-se a mudanças rapidamente. Se a regra do jogo mudar, eles não ficam se lamentando, mas entendem a nova forma de fazer e começam a agir para garantir o que desejam.

É importante lembrar que os destinados têm sua ambição alinhada a princípios milenares, de tal modo que a ambição não tem espaço para se transformar em ganância. Eles sempre querem se conectar com pessoas que inspiram.

Já os alienados vivem no automático, apenas enfrentando um dia após o outro. Eles preocupam mais com a vida alheia do que com o próprio futuro. São bons em dar desculpas: "Não dá", "Não consigo", "Não posso", "Isso é difícil para mim", "Não gosto" etc.

Alienados também são desistentes. Eles mal tentam e já param; invejam quem conquista, mas não se movem para transformar a realidade, uma vez que estão sempre parados, nunca em movimento. Outras características desse grupo de pessoas é a falta de conexões e os poucos relacionamentos produtivos.

“COMO É FELIZ QUEM TEME O SENHOR, QUEM ANDA EM SEUS CAMINHOS! VOCÊ COMERÁ DO FRUTO DO SEU TRABALHO E SERÁ FELIZ E PRÓSPERO.”

(SALMOS 128,1-2)

GANHE O MUNDO SEM PERDER A ALMA

Capítulo 3

Quem não negocia, não conquista

Negociar é fazer conexão com pessoas, ter comportamento adequado, ser comunicativo e, é claro, possuir *expertise* em comprar e vender.

No que diz respeito a ter muito dinheiro, em geral, podemos dividir as pessoas em: os herdeiros (alguns deram sequência e ainda aumentaram o negócio herdado, outros apenas gastaram até findar a vida), os raros "sortudos" que ganharam na loteria, os fanfarrões que acumularam fortuna de maneira ilegal e os negociantes.

Há herdeiros que se tornaram sucessores e empregaram ainda mais gente, contribuíram ainda mais com o país. A maioria esmagadora de quem ganhou na loteria perdeu tudo anos depois e quem acumulou algo ilegalmente termina mal nesta Terra ou no mundo vindouro.

Então eu arriscaria dizer que cerca de 80% das riquezas lícitas foram conquistadas com uma palavra-chave: **negócio**!

Você pode até querer romancear a vida, mas até aquilo que entrega mais propósito e valor coletivo, como uma escola ou faculdade, tem um negócio por trás.

Como expliquei em meu livro *Especialista em pessoas*,[1] existe o Mundo Ideal, em que esperamos que tudo seja correto, justo e pacífico, e o Mundo Real, em que as coisas nem sempre são assim.

Na Bíblia encontramos essas três categorias de riqueza, por exemplo: Salomão herdou a riqueza do pai, Zaqueu fez dinheiro de forma ilícita (e depois se arrependeu e devolveu tudo) e vários outros que prosperaram fazendo ótimos negócios, como Abraão com seu gado.

Desde o escambo, ou seja, a permuta, na Antiguidade, o ser humano aprendeu a trocar o que tem por aquilo que deseja ter. A maioria das pessoas hoje faz algo similar: vende parte das horas dos dias pelo dinheiro negociado como salário.

Negociar é o caminho das realizações, inclusive das que não são financeiras. Um exemplo foi meu casamento com Jeanine. Passei longos meses nego-

---

1 BRUNET, Tiago. *Especialista em pessoas: Soluções bíblicas e inteligentes para lidar com todo tipo de gente*. São Paulo: Academia, 2020.

ciando com ela e com a mãe dela, para provar que eu seria um bom partido — mesmo que na época não parecesse. Negociação está em tudo!

Um médico, apesar dos longos anos de formação acadêmica, pode ganhar pouco dinheiro apenas fazendo plantão hospitalar ou oferecendo consultas sem precificar corretamente. Mas aquele que sabe negociar seu conhecimento e o transforma em negócio, como uma clínica ou uma mentoria para outros médicos, prospera.

Um professor universitário pode viver apenas de seu salário apertado, ou lançar um livro, fazer palestras, começar um podcast e começar a monetizar com tudo isso.

Uma dona de casa pode ficar assistindo à TV durante o dia ou fazer bolos e brigadeiros gourmet para vender na vizinhança ou na internet.

E veja bem, por mais talento que tenha, um cantor, se não tiver um empresário para negociar com gravadoras, plataformas digitais e grandes shows mundo afora, poderá, com todo seu vozeirão, acabar cantando num barzinho da cidade. É claro que em casos como esse, o destino fala mais alto: estar no lugar certo, na hora certa com a pessoa correta.

Mas perceba que quem está na classe de microempresários ou acima dela na Escala de Nível Financeiro já sabe o mínimo de negociação e quais os benefícios que ela traz. Não há como crescer na escala sem negociar e investir.

Um filósofo, que em geral domina a arte do saber, pode ficar trancafiado em sua biblioteca com as contas do mês atrasadas ou, se aprender a vender e lançar cursos baseados em sua sabedoria, pode alcançar liberdade financeira.

São os negócios que dão vida financeira às profissões e às missões de vida.

> **SE VOCÊ É UM DESTINADO, É BOM QUE APRENDA A FAZER NEGÓCIO.**

Uma farmácia precisa existir por questões humanitárias e de saúde, mas quem ficará rico com ela é quem sabe vender ou quem já expandiu tanto a consciência que se perguntou: "Por que não me torno a pessoa que fabrica isso em vez de apenas vender?". E é assim que as indústrias farmacêuticas, ou de qualquer outro setor, nascem.

Para que as viagens missionárias de Paulo, o apóstolo do início da era cristã, fossem possíveis, muita gente contribuía. Dentre elas, destaco uma empresária bem-sucedida chamada Lídia, que vivia em Filipos. Ela negociava púrpura (um tecido considerado de luxo na época) e tinha uma casa grande que servia de apoio para a causa missionária. Tudo indica que ela ajudava a financiar o ministério de Paulo (Atos 16,11-40).

A Bíblia também nos diz que as mulheres de alta posição apoiavam o ministério de Jesus com seus bens (Lucas 8, 2-3).

Isso significa que até quem queria apenas viver seu propósito espiritual precisava trabalhar, negociar ou receber ajuda financeira para auxiliar no sustento.

Ou seja, quem não vende e nem negocia será ajudado por quem o faz, e está tudo bem. Só escolha de que lado você quer ficar.

Negociar é uma das melhores formas de uma pessoa produzir riqueza e, consequentemente, conquistar o que se deseja.

> **QUEM NÃO SABE NEGOCIAR AUMENTA A PROBABILIDADE DE TRABALHAR PARA QUEM TEM ESSA HABILIDADE.**

Na Bíblia, veja o caso de Jacó, que nasceu destinado a vencer. Ele não era um alienado, mas obstinado por sua visão.

Alienados não têm ambição, têm apenas desejos; não têm visão, apenas vista.

Quando ainda estava no ventre da mãe, um anjo apareceu em sonho e revelou o destino: "O mais velho servirá ao mais novo" (Gênesis 25,23).

Jacó tinha um irmão gêmeo chamado Esaú que, segundo a história bíblica, foi o primeiro a sair da barriga da mãe, por isso se tornou o mais velho. Jacó, porém, veio logo depois, agarrando o calcanhar do irmão.

Desde que nasceu, ele queria ser o primeiro, queria ganhar, vencer, conquistar.

VOCÊ DIFICILMENTE CONQUISTARÁ AQUILO QUE NÃO DESEJOU.

Quando os meninos cresceram, Esaú se tornou caçador e Jacó, "homem de tendas", ou seja, dono de casa. Ele ficava cozinhando e tinha tempo suficiente para pensar e planejar.

Um dia, o mais velho chegou em casa cansado e com muita fome depois de um dia de caça. Esaú pediu um pouco do ensopado que Jacó estava preparando. O mais novo respondeu: "Venda-me primeiro o seu direito de filho mais velho" (Gênesis 25,31).

Repare em duas coisas: Jacó já sabia o que queria e tinha uma estratégia de negociação. Ele não queria ser "pedinte", era negociante.

Esaú estava cansado e faminto. Nessa situação, a pessoa fica propensa a fechar qualquer negócio por alimento. Jacó, além de descansado, estava em ócio criativo. Era a combinação perfeita para prosperar.

O resultado?

Por isso, quem está sentado atrás de uma mesa numa sala com ar-condicionado e um computador geralmente está ganhando bem mais do que quem está trabalhando arduamente debaixo do sol recapeando uma estrada.

Hoje em dia, a força física não está relacionada à quantidade de dinheiro que alguém é capaz de produzir. Conheci um jovem de 19 anos que, apenas usando a mente e o computador que seus pais lhe deram, desenvolveu um aplicativo que hoje vale milhões de reais.

O trabalho mental de Jacó foi mais eficiente do que o braço caçador de Esaú.

Continuando: o mais velho, então, respondeu: "Estou quase morrendo. De que me vale esse direito?" (Gênesis 25,32). (Que falta de percepção de valor. Questão de mentalidade!)

Cansada e querendo muito uma coisa específica (sem controle dos próprios desejos), uma pessoa é capaz de desprezar o que tem de valioso e trocar por algo temporal.

Naquela época e cultura, a primogenitura dava muitos benefícios, pois, financeiramente, o mais velho recebia 50% da herança do pai (Deuteronômio 21,17). Além disso, tinha direito a uma bênção espiritual de prosperidade e ao legado da família.

Sim, Esaú trocou tudo isso por um prato de comida em uma negociação mal pensada entre irmãos. Tempos depois, quando o pai, Isaque, estava prestes a morrer, o mais velho se sentiu enganado; afinal de contas, o efeito da comida dura poucas horas, enquanto o título de primogênito é permanente. Esaú, então, começa a perseguir Jacó, querendo matá-lo (Gênesis 27,41).

SENTIMENTOS SÃO PASSAGEIROS, DECISÕES PODEM SER PERMANENTES.

A vida é assim, quem nunca conquista nada e ainda abre mão do que teria direito acaba perseguindo quem vence, não é mesmo?

Jacó, então, precisa fugir da própria casa e começar do zero em outro lugar. Contudo, para quem tem destino e mentalidade, recomeço é sempre sinônimo de oportunidade para fazer melhor.

Jacó vai trabalhar para seu tio Labão, um criador de gado. Lá, ele aperfeiçoa sua arte de negociar. Um destinado sempre usa as contrariedades para aprender e amadurecer.

Na casa do tio, Jacó trabalhou catorze anos de graça para pagar o dote em troca da mão de Raquel e Lia, filhas de Labão.

É importante explicar que Jacó se apaixonou por Raquel, uma das filhas do empresário, e para pagar o dote teve que servi-lo sem receber pagamento por sete anos. No entanto, o astuto Jacó foi enganado pelo tio e recebeu Lia, a filha mais velha, como esposa. Para poder se casar com a mulher que amava, ele pagou mais sete anos de trabalho como dote (Gênesis 29,18-30).

Depois disso, Jacó se tornou funcionário, uma espécie de CLT, ou seja, começou a receber salário pelo trabalho que fazia.

Quem é destinado à prosperidade financeira não fica muito tempo em um lugar para o qual não nasceu, apenas usa esse lugar para aprender e não para estagnar.

Jesus, por exemplo, era carpinteiro, mas esse não era o seu destino. Então, essa foi sua profissão somente por um tempo, entende? Jacó, por sua vez, deseja ir embora: "Deixe-me voltar para a minha terra natal. Dê-me as minhas mulheres, pelas quais o servi, e os meus filhos, e partirei. Você bem sabe quanto trabalhei para você" (Gênesis 30,25-26).

Como resposta, Labão, agora seu sogro, afirmou que descobriu ter se tornado próspero somente por causa do trabalho e inteligência do genro: "Se mereço sua consideração, peço-lhe que fique. Por meio de adivinhação descobri que o Senhor me abençoou por sua causa" (Gênesis 30,27).

Então Jacó, que sabia apresentar boas propostas, diz que não queria mais salário, mas sim uma parte do negócio. Eles apertaram as mãos e fizeram um acordo (Gênesis 30,28-34). Versículos depois, a Bíblia diz que Jacó tornou-se riquíssimo (Gênesis 30,43).

Agora que vimos esse resumo da vida de Jacó, pergunto: o que aprendemos?

> **AS CONQUISTAS, ATÉ MESMO AS FINANCEIRAS, ESTÃO NO PODER DA NEGOCIAÇÃO.**

No caso dos esportistas ou artistas que ganharam o mundo, a conquista aconteceu pelo talento que cada um tem, mas também havia alguém por trás das câmeras, negociando o lugar em que eles expuseram o que sabiam.

Quando Kaká ganhou a Bola de Ouro e se tornou o melhor jogador do mundo, foi porque tinha dom e se dedicou aos treinos. Mas só souberam que ele era o melhor porque alguém negociou para que ele jogasse no Milan, entende? A negociação sempre estará presente em tudo o que é relevante.

No caso de Michael Jordan, ele era apenas jogador iniciante e não entendia de negócios, mas sua mãe sabia o que fazer. Quando a Nike foi negociar o patrocínio, em vez de ela aceitar um salário a mais, pediu participação no lucro da venda dos produtos que saíssem com a marca Jordan. Essa negociação tornou o talentoso Michael em um bilionário e, até hoje, décadas depois, ele usufrui desse "detalhe" contratual.

Para quem sabe negociar, uma cláusula intencional em um contrato pode mudar o destino financeiro da pessoa para sempre.

Os homens e mulheres mais ricos do mundo hoje negociam alguma coisa. Warren Buffett negocia ações da bolsa; Bernard Arnault, dono da LVMH, o conglomerado de luxo que possui a marca Louis Vuitton, vende em larga escala roupas e acessórios com preços exorbitantes. Se tem demanda, tem negócio!

Vale lembrar que tudo isso tem um teto, um limite onde se pode chegar. Lembra-se da história que contei sobre quando fui músico e trabalhei em um estúdio? Eu sabia que ganhando a hora de um baixista profissional jamais seria independente financeiramente e, analisando a vida do dono do estúdio, percebi que eu teria de trabalhar muito para ser classe média. Afinal de contas, o negócio dependeria da minha pessoa e somente um número limitadíssimo de clientes poderiam gravar por dia. Logo, esse era o teto do negócio.

Concluo então que negócios grandes de verdade são os não personalíssimos (ou seja, não dependem de uma pessoa), têm escala (podem vender o produto ou serviço sem limites) e geram *equity* (valor de mercado). É o caso das empresas XP Investimentos, Tesla e tantas outras.

Bom, mas para ganhar o seu mundo, financeiramente falando, você precisa cumprir uma lista de requisitos. Observei minuciosamente os grandes conquistadores mundiais, e estas são suas características em comum:

- Obstinados (não desistem nunca);
- Cheios de conhecimento (não têm qualquer tipo de alienação);
- Contratam grandes talentos para terem por perto (equipe capacitada);
- Têm habilidade de escolher bem e de decidir rápido;
- São exímios negociadores (sabem comprar e vender);
- Têm foco e não se distraem facilmente;
- São disciplinados (fazem o que tem que ser feito sem desculpas);
- Acreditam sem duvidar na visão de futuro que possuem.

Essa pequena lista é suficiente para entendermos o porquê de apenas 1,5% da população mundial ter destaque acima da média e ser capaz de conquistar coisas diferenciadas nesta Terra.

FAÇA AS ESCOLHAS CERTAS E CONFIE NO PLANO DIVINO

Em janeiro de 2025, viajei com minha família durante as férias. Lá encontramos um grande amigo e banqueiro brasileiro. Desfrutamos de um tempo de conversas e descanso. Ele, que é fundador de uma empresa de investimentos e um dos renomados bilionários do nosso país, nos convidou para um jantar e fomos até a sua casa nas montanhas. Que linda noite!

Entre conversas e risadas, fiz uma pergunta: "Como você saiu de uma salinha minúscula anos atrás para esse império financeiro que tem hoje?".

Ele disse: "Brunet, é coisa divina misturada com uma sequência de bons negócios. Soube escolher os sócios certos, respeitei o timing das coisas. Até o nome da empresa que eu escolhi 'por acaso' tem um significado espiritual e eu não sabia".

É uma mistura de destino e mentalidade, é claro, tudo isso associado à capacidade pessoal. E acrescento: gestão para administrar o que o futuro nos envia, resistência para aguentar as pressões e sabedoria para fazer escolhas difíceis. Sim, e alguns acham que é sorte!

É um dever meu relembrar que ganhar o mundo é para poucos. Entretanto, o mais importante da jornada é não perder a alma, e isso é tão raro que a Bíblia diz que esse caminho é uma porta estreita (Mateus 7,13-14).

Mas fique em paz, neste manual você encontrará o caminho para proteger sua alma, daqui até a eternidade. E saiba que aqueles que ganham o mundo recebem a responsabilidade de torná-lo melhor, o que só é possível mudando a vida de pessoas. Sempre se trata de pessoas.

INVISTA NAQUILO QUE DARÁ BOA MARGEM DE LUCRATIVIDADE

Jamais se esqueça de que é o tamanho do seu negócio, o fato de ele ter margem e possibilidade de escala e recorrência que determinará sua posição na Escala de Nível Financeiro.

Quando eu trabalhava com turismo, sendo dono de uma agência de viagens, eu tinha um pequeno lucro em cima das vendas que fazia. Ou seja, o dinheiro que entrava não era meu, eu tinha que pagar os fornecedores e as contas, e o pouco que sobrava eu podia embolsar.

Depois que quebrei em 2014 e comecei a me levantar, essa experiência me fez pensar no seguinte: qual produto ou serviço posso vender que tenha melhor margem de venda?

Na minha visão de futuro não adiantava vender quantias elevadas e poder ficar com uma porcentagem mínima.

Esse meu incômodo e questionamento me fez chegar até o negócio da educação. Além de casar com meu propósito de vida, que é treinar pessoas para uma vida melhor na Terra, dando aulas, mentorias, fazendo palestras e escrevendo livros, eu conseguiria aumentar a margem de lucro consideravelmente. Isso mesmo!

A porcentagem destinada a mim seria multiplicada. Melhorou, não?

A sabedoria de escolher bem o negócio de acordo com seu destino, mas que também tenha margem, escala e recorrência dará maiores chances de crescer na Escala de Níveis Financeiros e, assim, você possuirá mais ferramentas para ganhar o mundo. Como aprenderá mais para frente neste livro, prosperar te faz ser escutado e com essa atenção você entrega sua mensagem ao mundo.

Até mesmo pessoas que ganharam o mundo no cenário político, religioso ou filantrópico, no fim eram excelentes negociadoras.

ALERTA CONTRA GANÂNCIA E CONTRA O AMOR AO DINHEIRO

No mundo dos negócios, constantemente somos tentados a querer sempre mais. Algumas pessoas às vezes ultrapassam o limite da ética e da moral para terem o que desejam. Isso é a ganância!

Certo dia, recebi em minha casa um empresário muito bem-sucedido, que já faturou centenas de milhões de reais. Havia tempos que ele tentava se conectar comigo. Geralmente, quem deseja estabelecer uma conexão costuma agir com generosidade; por exemplo, quando visita alguém, leva algo como demonstração de cortesia, como chocolates, flores ou algum presente. Essa é uma prática comum entre as pessoas que querem se conetar e as que têm o coração generoso.

Como sou colecionador de vinhos antigos, eu o levei até minha adega. Ali, encontramos um vinho icônico do mesmo ano do nascimento dele. Fui generoso, como normalmente sou, e lhe presenteei com aquele exemplar único.

Cerca de uma hora depois, felizes e conversando, começamos a falar sobre negócios e fizemos um acordo que, aparentemente, era bom para os dois. Mas, apenas no outro dia, eu me dei conta de que, na verdade, somente ele estava sendo beneficiado. Como já tínhamos apertado as mãos, mantive minha palavra, mas entendi que, apesar de ele ter muito dinheiro, eram o amor ao dinheiro e a ganância que tinham lugar no coração dele, em vez da amizade, da consideração pelas pessoas ou de qualquer outro princípio.

> UM NEGÓCIO PRECISA SER JUSTO E BOM PARA TODOS OS ENVOLVIDOS.

Sei que muitas vezes essa não é a realidade. O mundo financeiro em geral é cruel e pode atropelar muita gente boa e honesta. Mas este livro se trata de como não perder a alma em meio a este sistema, por isso, insisto em ensinar o caminho ideal!

Bom, eu sempre havia tido um pé atrás com esse empresário, e aquela foi apenas a confirmação. Ele possuía muito dinheiro, aparentava ser gente boa, mas confirmei que o dinheiro era seu mundo.

Não posso arriscar conviver com pessoas que têm valores tão diferentes dos meus. Costumo ser generoso e gosto de caminhar com pessoas assim.

Sou focado em prosperar e ajudar outros a prosperar também, mas respeitando sempre o que for justo.

Não se pode ter tanto na conta bancária e em investimentos e, ainda assim, querer vantagem em uma pequena quantia em um negócio feito de maneira obscura na casa de quem o recebeu tão bem.

Generosidade e justiça são marcas dos destinados.

Se agora você está questionando: "Mas, Tiago, quem ganha dinheiro é sempre mau, egoísta e arrogante?", minha resposta, nesse caso, é uma reflexão:

Tem gente que, por ser habilidosa com negócios e obstinada, terá, sim, muito dinheiro. Talvez será tudo que a pessoa terá. E, acredite, ter apenas dinheiro é muito pouco. Para quem coloca o lado financeiro da vida como um deus, sempre faltará paz interior, verdadeiros amigos, saúde emocional e principalmente uma vida espiritualizada. Essa pessoa não terá Deus por perto e isso é terrível.

> “A BÊNÇÃO DO SENHOR TRAZ RIQUEZA, E NÃO INCLUI DOR ALGUMA.”
>
> (PROVÉRBIOS 10,22)

Enfim, posso ter perdido um pouco de dinheiro em um negócio que eu nem sabia que teria custo, mas entendi o coração do outro lado da mesa. Quanto custa isso? É impagável!

Resista a todo tipo de ganância e adoração ao dinheiro, esse é o meu conselho.

> **DINHEIRO É BOM PARA O BOLSO, MAS PÉSSIMO PARA O CORAÇÃO.**

Seus negócios precisam ser sustentáveis, responsáveis, justos e éticos.

Todo dinheiro que ganhei foi fazendo negócios. Pedi sabedoria a Deus, convivi com mentes brilhantes nesse assunto, fui aperfeiçoando a parte técnica e afinando meus relacionamentos. Todos os negócios que fiz foram baseados na verdade e na justiça, por isso o resultado não foi apenas financeiro, mas também incluíram paz, saúde emocional e segurança.

O respeito, pessoal e público, só chega a você se a forma como construiu sua riqueza for digna de ser contada.

Repare na visão de Paulo, apóstolo do início da era cristã, sobre ganância:

> "Assim, façam morrer tudo o que pertence à natureza terrena de vocês: imoralidade sexual, impureza, paixão, desejos maus e a GANÂNCIA, que é IDOLATRIA." (Colossenses 3,5, grifo nosso)

BUSQUE A RIQUEZA COM SABEDORIA

Este capítulo levanta reflexões profundas e incomuns, e você deve estar novamente se questionando: "Como assim ganância é idolatria?". Simples, porque é assim que você coloca o dinheiro no lugar de Deus. Ganância é amar mais ao dinheiro do que a Deus.

Uma pessoa que já faturou centenas de milhões e afirma amar a Deus vai querer "se dar bem" em cima de um acordo que só favorece a ela, mesmo depois de ter sido presenteada com algo tão generoso e único? Até hoje não entendi!

Vamos lá! Se para tudo o que precisa fazer você:

- consulta primeiro o dinheiro,
- sente suas emoções variarem de acordo com a conta bancária,
- só realiza algo (inclusive o que Deus pede para ser feito) quando está certo de ter condições financeiras...

... saiba que isso é o que a Bíblia chama de Mamom, o deus dinheiro. Ele tira nossa dependência divina e nos faz confiar na instabilidade das riquezas.

No entanto, "o justo viverá pela fé" (Conferir Habacuque 2,4; Romanos 1,17; Gálatas 3,11; Hebreus 10,38).

Este é o remédio contra o amor às coisas materiais: viver pela fé, não pelas condições financeiras que temos ou deixamos de ter.

Não faça nada por ganância nem amor ao dinheiro, mas por chamado e propósito. Tenha um motivo para construir riqueza e tenha um destino para ela depois de conquistada. Isso realmente é importante!

Acredite: quando você faz o que nasceu para fazer, as riquezas correm atrás de você — respeitando o nível na escala financeira de cada um, é claro —, e você fica com a alma blindada pela sabedoria (como explico no livro *Princípios milenares*[2]) e não a perderá.

---

2 BRUNET, Tiago. *Princípios milenares: 10 leis espirituais para uma vida de paz e prosperidade*. São Paulo: Academia, 2024.

Não sei o quanto você produzirá na vida, não sei em que patamar da Escala de Níveis Financeiros se encaixará no futuro, mas sei que será através de negócios. Por isso, especialize-se nisto: aprenda a COMPRAR e a VENDER, seja um excelente COMUNICADOR, fortaleça suas redes sociais, tenha a motivação correta para começar e jamais permita que a ganância se aproxime do que você faz e é.

Porque quando a riqueza chegar, alguns inimigos se levantarão (alguns da própria família e círculo íntimo), mas você estará blindado contra a inveja, os falatórios, as perseguições e os *haters*.

Quem tem propósito e identidade sempre estará protegido.

Prepare-se para o próximo capítulo!

"HÁ QUEM DÊ GENEROSAMENTE, E VÊ AUMENTAR SUAS RIQUEZAS; OUTROS RETÊM O QUE DEVERIAM DAR, E CAEM NA POBREZA."

(PROVÉRBIOS 11,24)

GANHE O MUNDO SEM PERDER A ALMA

Capítulo 4

O inimigo de Deus

Ter dinheiro é bom e, com os negócios certos, você o terá cada vez mais.

Já tive a fase de não tê-lo, e a vida foi bem mais difícil e sufocante. Com recursos, pago minhas contas sem preocupação, viajo o mundo cumprindo meu propósito, ajudo quem cruza meu caminho, dou o melhor para minha família e aproveito uma versão melhorada dessa vida aqui na Terra.

O dinheiro lhe dá tempo e condições para desfrutar de tudo que há de bom materialmente: viagens incríveis, restaurantes premiados, sonhos que podem ser comprados, por exemplo, a casa que sempre quis. Afinal, dinheiro lhe dá certa liberdade, principalmente de escolha.

Acredito que um dos maiores objetivos do ser humano que já está em desenvolvimento, depois de preencher o vazio da alma com um relacionamento transcendental (contato com o divino), é encontrar um grande amor ou ter dinheiro.

Já fui pobre e passei todo tipo de necessidade, por isso, posso afirmar: não sei se o plano celestial colocou riqueza no seu destino, mas acredito que pobreza ele não colocou.

Não acredito que a escassez permanente seja o plano ideal para a vida de ninguém. Creio sim, que todos somos chamados a desenvolver nossos talentos e a buscar uma vida plena, com dignidade e propósito — o que também envolve suprimento material. É só conferir o verso milenar a seguir:

> “JÁ FUI JOVEM E AGORA SOU VELHO, MAS NUNCA VI O JUSTO DESAMPARADO, NEM SEUS FILHOS MENDIGANDO O PÃO.”
>
> (SALMOS 37,25)

Se Deus não deseja que um justo mendigue, ou seja, fique empobrecido, o que devemos fazer? Trabalhar para ganhar o mundo, mas sem perder o relacionamento contínuo com o Criador, bem como nosso propósito de vida, nossa consciência, nossas emoções e nossos sentimentos. Essas são partes que precisam ser protegidas e guardadas em cofre.

De certa forma, eu ganhei o mundo (pelo menos à minha volta). Consegui algum prestígio e reconhecimento profissional, prosperei financeiramente, tenho um instituto de educação que treina milhares de pessoas por ano, sou um escritor best-seller publicado em mais de quinze países e formei uma linda família. Enfim, acredito ter algumas credenciais naturalmente relevantes. Mas ainda assim, resolvi focar tudo isso para cumprir meu chamado divino, meu destino nesta Terra. É possível, é uma decisão nossa alinhada com a vontade divina.

É CORRETO AMAR O DINHEIRO?

Recentemente, publiquei nas minhas redes sociais uma entrevista feita por alguém nas ruas, em que uma pessoa perguntava a quem passava:

"O que você prefere: cinco minutos com Jesus ou cinco minutos com o Diabo?"

No caso dos entrevistados, 99% responderam de imediato — independentemente de sua religião: "Cinco minutos com Jesus".

Em outra rodada de entrevistas, a pergunta era diferente:

"Você prefere cinco minutos com Jesus ou cinco milhões na conta agora?"

Nesse caso, o resultado se inverteu: 99% das pessoas escolheram R$ 5 milhões; e 1%, Jesus.

Ou seja, historicamente, o inimigo de Deus é o Diabo, mas essa não é a verdade bíblica. Satanás, como também é chamado, é o NOSSO adversário (1Pedro 5,8; Efésios 6,12; Apocalipse 12,10), não de Deus.

Ele é inimigo e opositor do ser humano. Ainda que involuntariamente, a Deus ele serve, pois somente pode agir mediante autorização do Criador (Jó 1).

Então quem é o arqui-inimigo de Deus?

Conforme uma passagem de Lucas, é possível compreendermos que é o amor ao dinheiro.

> "Quem é fiel no pouco, também é fiel no muito, e quem é desonesto no pouco, também é desonesto no muito. Assim, se vocês não forem dignos de confiança em lidar com as riquezas deste mundo ímpio, quem lhes confiará as verdadeiras riquezas?
>
> E se vocês não forem dignos de confiança em relação ao que é dos outros, quem lhes dará o que é de vocês?
>
> 'Nenhum servo pode servir a dois senhores; pois odiará a um e amará ao outro, ou se dedicará a um e desprezará ao outro. Vocês não podem servir a Deus e ao Dinheiro'.
>
> Os fariseus, que amavam o dinheiro, ouviam tudo isso e ZOMBAVAM de Jesus." (Lucas 16,10-14, grifos nossos)

Quem briga com Deus no coração do ser humano é o amor ao dinheiro.

Repare que o mau caratismo ou jeitinho brasileiro, como falamos por aqui, não é coisa de rico, é coisa de gente.

Pois a Bíblia diz que tem pessoas que não conseguem ser fiéis nem no pouco. A deslealdade já está no coração desde sempre. Um coração preparado emocional e espiritualmente para prosperar é obrigatório para aqueles que vão durar com o que tem.

Fora isso, tudo terá prazo de validade. Se não o dinheiro, a paz, a felicidade, a família, as amizades verdadeiras e tudo que o dinheiro não compra. Por esse motivo precisamos tomar o antídoto espiritual que revelarei no último capítulo.

Além do amor ao dinheiro, precisamos nos lembrar de que há mais um inimigo de Deus, que também não é o Diabo, mas sim o pecado:

> “AQUELE QUE PRATICA O PECADO É DO DIABO, PORQUE O DIABO VEM PECANDO DESDE O PRINCÍPIO. PARA ISSO O FILHO DE DEUS SE MANIFESTOU: PARA DESTRUIR AS OBRAS DO DIABO.”
>
> (1JOAO 3,8)

Por isso, se você deseja preservar sua alma, afaste-se de tudo o que é contrário à vontade Divina, de tudo que o faz desviar do alvo, de tudo o que sua consciência já condena, por favor, escute meu apelo, resista ao Diabo, fuja das tentações, afaste-se do mal.

Enfim, retomando o tema do amor ao dinheiro, observe o que o apóstolo Paulo de Tarso (*c.* 5 — *c.* 64/67) fala sobre o assunto:

> “POIS O AMOR AO DINHEIRO É RAIZ DE TODOS OS MALES. ALGUMAS PESSOAS, POR COBIÇAREM O DINHEIRO, DESVIARAM-SE DA FÉ E SE ATORMENTARAM A SI MESMAS COM MUITOS SOFRIMENTOS.”
>
> (1TIMÓTEO 6,10)

Repare que o problema aqui é a cobiça, ou seja, o desejo descontrolado de conseguir algo. Foi a cobiça que fez as pessoas se desviarem da fé.

Como sempre digo, o problema não é o dinheiro, mas o comportamento do ser humano quando o possui ou o busca descontroladamente.

GANHE DINHEIRO COM A MOTIVAÇÃO CORRETA, ISSO FACILITA SUA PROTEÇÃO EMOCIONAL E ESPIRITUAL.

Para quem não busca todos os dias blindar a alma, o dinheiro funciona como uma morfina emocional, e você o usa para sentir-se bem ou tentar resolver situações que ele não tem poder para solucionar, como uma briga no casamento.

Com dinheiro no bolso, você compra passagens de primeira classe para Maldivas e acredita que, passando uma semana lá com seu cônjuge, as coisas vão se ajeitar. E, na verdade, o que vocês precisavam era de perdão, reconhecimento mútuo, humildade para admitir os erros, honrar ao outro, falar a verdade, e não simplesmente viajar.

Tenho um livro que se chama *Dinheiro é emocional*,[1] relançado em 2025. Aconselho fortemente que você o leia para entender como suas emoções influenciam sua vida financeira e vice-versa.

Emoções feridas fazem com que você gaste o que não tem, parcele o que não pode e compre o que nunca vai usar.

> “MAS QUANDO CHEGAM AS **PREOCUPAÇÕES** DESTA VIDA, O **ENGANO** DAS RIQUEZAS E OS **ANSEIOS** POR OUTRAS COISAS, SUFOCAM A PALAVRA, TORNANDO-A INFRUTÍFERA.”
>
> (MARCOS 4,19, GRIFOS NOSSOS)

1 BRUNET, Tiago. *Dinheiro é emocional: Saúde emocional para ter paz financeira*. São Paulo: Buzz Editora, 2025.

Vou lhe contar uma história que ouvi anos atrás. Os nomes são fictícios, pois o importante mesmo é a lição que esta história carrega.

Lauro e Adilson estavam vivendo o mesmo sofrimento: os filhos estavam internados após um grave acidente. Tudo aconteceu quando o filho de Lauro, dirigindo um carro de luxo e escoltado por seguranças, atropelou a filha de Adilson. No desespero daquele dia, ambos correram para hospitais diferentes: enquanto a filha de Adilson foi levada a um hospital público, o filho de Lauro, graças à influência do pai, foi prontamente transferido para o melhor hospital particular da cidade.

O quadro de ambos era crítico. Lauro, angustiado, não entendia como aquilo poderia ter acontecido mesmo depois de ter dado ao filho o melhor professor de direção e todos os recursos de segurança disponíveis. O chefe da cirurgia de cada hospital chamou os pais para uma conversa franca, explicando que a situação era delicada.

— Estamos fazendo o que está dentro de nossa capacidade, mas quero que saibam que não temos muitas esperanças — sentenciou o médico.

— Sempre tem algo que pode ser feito — esbravejou Lauro.

— Estamos dando o nosso melhor — disse o médico.

Diante da dificuldade, Lauro sugeriu trazer cirurgiões renomados dos Estados Unidos, afirmando que iria pagar o que fosse preciso para salvar o filho.

Naquele mesmo instante, Adilson ouviu palavras idênticas do médico de sua filha única. Ele, então, se ajoelhou e foi possível ouvi-lo dizer:

— Deus, não me abandone...

Um homem acreditou no poder do dinheiro até o fim; o outro, só tinha a Deus.

Essa história lembra uma outra que Jesus conta: a parábola do fariseu e do publicano (Lucas 18,9-15). O fariseu só pensava em si mesmo e no quanto era melhor do que as outras pessoas, enquanto o publicano se colocava com humildade diante do seu Senhor e pedia perdão por seus pecados. Ao final, Jesus revela algo interessante: apenas o publicano foi justificado diante de Deus, pois quem se humilha é exaltado.

Histórias semelhantes a essa acontecem todos os dias. O trabalhador assalariado se deita e dorme tranquilo, pois sabe que seu salário cairá dia 5, por exemplo. O empresário bem-sucedido, por sua vez, perde o sono preocupado com as responsabilidades financeiras e com o status que sonha alcançar.

A quem você está servindo de verdade?

Veja, também, o que diz esta passagem da Sabedoria Milenar:

"Alguém da multidão lhe disse: 'Mestre, dize a meu irmão que divida a herança comigo'.

Respondeu Jesus: 'Homem, quem me designou juiz ou árbitro entre vocês?'

Então lhes disse: 'CUIDADO! Fiquem de sobreaviso contra todo tipo de GANÂNCIA; a vida de um homem não consiste na quantidade dos seus bens'.

Então lhes contou esta parábola: 'A terra de certo homem rico produziu muito bem.

Ele pensou consigo mesmo: 'O que vou fazer? Não tenho onde armazenar minha colheita'.

Então disse: 'Já sei o que vou fazer. Vou derrubar os meus celeiros e construir outros maiores, e ali guardarei toda a minha safra e todos os meus bens.

E direi a mim mesmo: Você tem grande quantidade de bens, armazenados para muitos anos. Descanse, coma, beba e alegre-se'.

Contudo, Deus lhe disse: 'Insensato! Esta mesma noite a sua vida lhe será exigida. Então, quem ficará com o que você preparou?'.

Assim acontece com quem guarda para si riquezas, mas não é rico para com Deus." (Lucas 12,13-21, grifos nossos)

Esse trecho ressalta o que venho afirmando: **dinheiro não é problema.**

> **TENHA DINHEIRO PARA EXERCER MELHOR O SEU PROPÓSITO, E NÃO O OPOSTO**

Além disso, demonstra que acumular riquezas sem propósito não é o melhor caminho, uma vez que a ganância é condenável. Enriquecer sem formar sucessores (e não apenas herdeiros) é desperdício de riqueza. Confiar no dinheiro não nos garante mais dias de vida.

A passagem diz que isso acontece com quem ACUMULA riquezas sem propósito, ou tesouros apenas para ter cada vez mais; mas não é rico em relação a Deus. Há uma mensagem clara a respeito da responsabilidade dos ricos que não vendem sua alma: patrocinem os projetos divinos nesta Terra!

Cuidem dos órfãos, das viúvas, dos doentes, dos miseráveis, dos injustiçados e daqueles que jamais teriam uma chance. Invista financeiramente na pregação da Palavra da Verdade e contribua para que ela se espalhe pelo mundo inteiro. Apenas grave isso e faça!

Tanto é assim que a Bíblia diz que o Evangelho foi dado aos pobres. O rico, em geral, tende à dúvida sempre presente ou à confiança em sua condição financeira (Tiago 2,5).

Para entender por que, dificilmente, o rico entrará no reino dos céus (Mateus 19,23-24), temos de nos lembrar do percentual: apenas 1% da população é rica. Somente com esse dado podemos dizer que poucos vão entrar.

Mas o motivo principal é que o rico se preocupa muito com o que construiu, valoriza muito o poder conquistado, sente muito prazer nas coisas materiais e não sobra espaço para a espiritualidade e a fé, que salva a alma do ser humano pela graça divina.

Quando a preocupação é maior do que a fé, a pessoa ainda não está preparada para a riqueza com propósito.

SE EU FOR RICO, VOU PARA O INFERNO?

> “ENTÃO JESUS DISSE AOS DISCÍPULOS: 'DIGO-LHES A VERDADE: DIFICILMENTE UM RICO ENTRARÁ NO REINO DOS CÉUS. E LHES DIGO AINDA: É MAIS FÁCIL PASSAR UM CAMELO PELO FUNDO DE UMA AGULHA DO QUE UM RICO ENTRAR NO REINO DE DEUS'.”
>
> (MATEUS 19,23-24)

Você pode, então, perguntar: “Tiago, então, para que vou querer ser rico se isso diminui minhas chances de entrar no reino de Deus?”.

Essa é uma boa pergunta. Antes de respondê-la, precisamos nos lembrar de que não é que simplesmente escolhemos ser ricos, senão todos seriam. Afinal, quem não desejaria ter acesso à riqueza, não é?

Contudo, apenas alguns poucos despertaram para tudo que é necessário em relação a essa conquista. E outros somente chegarão lá se corresponderem ao destino com conhecimento, networking, obstinação, ambientes favoráveis, geografia e trabalho estratégicos, capacitação em vendas, produto ou serviço com margem, escala e recorrência e, principalmente, sabedoria e muita fé. Todas essas características reunidas podem levar uma pessoa a prosperar financeiramente.

Outro motivo é que aquele que protege a alma com espiritualidade e cumpre as ordenanças bíblicas não vai se perder no caminho. Pelo contrário, vai herdar o Reino dos Céus. No último capítulo me aprofundarei nisso.

Veja este exemplo:

> "Ordene aos que são ricos no presente mundo que não sejam arrogantes, nem ponham sua esperança na incerteza da riqueza, mas em Deus, que de tudo nos provê ricamente, para a nossa satisfação. Ordene-lhes que pratiquem o bem, sejam ricos em boas obras, generosos e prontos para repartir. Dessa forma, eles acumularão um tesouro para si mesmos, um firme fundamento para a era que há de vir, e assim alcançarão a verdadeira vida." (1 Timóteo 6,17-19)

A Bíblia diz que o rico pode ir para o céu, mas veja as condições:

- não ser arrogante;
- não colocar a esperança na riqueza, mas em Deus;
- praticar o bem;
- ser rico em boas obras;
- ser generoso e disposto para repartir.

Fazendo isso, o rico vai acumular tesouros para si, um firme fundamento para o futuro, e alcançará a verdadeira vida, a saber, a eterna.

Parece fácil, mas muita gente fica arrogante quando o salário aumenta, imagine se um dia tiver um avião? Algumas pessoas confiam na pequena reserva financeira que têm no banco, imagine se fossem bilionárias? Muitos não praticam o bem nem vivendo com poucos recursos, imagine se tivessem de tudo?

Sem contar os que se revoltam em pagar os 10% do garçom quando vão a um restaurante, imagine se serão generosos com alguém quando enriquecerem? Na sabedoria bíblica, tudo tem a ver com o coração, não com as coisas. Assim, enriquecer e ser próspero tem a ver com sua mentalidade, não com seu bolso.

Vamos, então, ao último assunto complexo deste capítulo:

O ACÚMULO DAS RIQUEZAS

> “NÃO **ACUMULEM** PARA VOCÊS TESOUROS NA TERRA, ONDE A TRAÇA E A FERRUGEM DESTROEM, E ONDE OS LADRÕES ARROMBAM E FURTAM.”
>
> (MATEUS 6,19, GRIFO NOSSO)

Bom, resumindo, é isto que você leu:

> PRECISAMOS SER UM RIO E NÃO UMA REPRESA.

Um rio leva e distribui a água, alimenta e mata a sede de quem passa pelo caminho. A represa, por sua vez, só retém a água.

Muitos ricos que conheço têm patrimônio maior do que seus bisnetos conseguirão usar. O acúmulo de qualquer coisa, não somente do dinheiro, é sempre ruim.

> DEUS TE DÁ UM DESTINO E VOCÊ DÁ DESTINO AO DINHEIRO.

Preste atenção: Não estou dizendo que você não possa ter uma boa casa, que não precise de um carro novo, que não deva ter a conta de investimentos para sua família ter dignidade caso algum dia falte ou qualquer outra coisa material que fortaleça seu propósito e proporcione o descanso necessário para poder cumpri-lo. Não é disso que acumular riquezas se trata, mas sim do desperdício ou das compras sem propósito.

Algumas pessoas têm casas que nunca foram usadas, compraram roupas e sapatos que estão com etiqueta até hoje, relógios que apenas ficam em exposição na coleção. Não têm uso, não têm propósito, é dinheiro jogado fora.

Sim, a Bíblia quer que gastemos a riqueza com inteligência e intencionalidade, não com vaidade e emocionalidade. Certa vez, entrevistando Seu Zé Mineiro, fundador da JBS e um dos homens mais ricos do Brasil, ele me disse: "Tiago, o segredo é controlar a vaidade!".

Se queremos ser ricos sem vender a alma, precisamos ter um destino para cada centavo. Nada pode ser perdido nem ficar sem propósito, tal qual o caso do Bill Gates e sua fundação, sobre a qual falamos em outro capítulo.

Minha visão pessoal sobre o assunto é esta: gaste com tudo que é necessário para que você cumpra seu destino, cuide muito bem de sua família, realize seus sonhos, ajude aos que precisam e cruzam seu caminho e, se ainda sobrar dinheiro, em vez de acumular, comece um novo projeto.

> **DEUS NÃO DÁ DINHEIRO A UM HOMEM, MAS ELE PATROCINA PROJETOS AQUI NA TERRA.**

Por essa razão entendo claramente uma empresa que fatura R$ 300 milhões aumentar a meta do próximo ano para R$ 500 milhões. Quantos empregos a mais serão gerados? Quantos bônus serão dados? Quanta riqueza para terceiros será criada?

Ganhar e multiplicar não é o mesmo que acumular. Acúmulo é quando os sonhos acabaram, os projetos se findaram e tudo agora se trata apenas de valores, mais valores, mais cifras. Vaidade atrás de vaidade.

> **“CASAS E RIQUEZAS HERDAM-SE DOS PAIS, MAS A ESPOSA PRUDENTE VEM DO SENHOR.”**
>
> (PROVÉRBIOS 19,14)

É bíblico deixarmos algo para a próxima geração; portanto, que a gente não se esqueça de que há coisas que só vêm do Senhor.

Tudo o que realmente **será usado** não é acúmulo, é herança.

Inclusive, vale mencionar o fato de que aqueles que possuem filhos e boa renda, conforme a Escala de Níveis Financeiros, a exemplo do que disse o dr. Augusto Cury, devem criar filhos de forma sábia e inteligente para que se tornem seus sucessores, e não herdeiros. O emprego de recursos com propósito, por exemplo, ensina aos filhos que devem empregar cada centavo do que herdarem segundo essa visão de mundo e mentalidade.

E tudo que não deixamos PARA, mas deixamos EM nossos filhos, como o temor do Senhor, é legado.

Compreender o verdadeiro valor do dinheiro é essencial para não cairmos na armadilha de fazer dele o nosso senhor.

A riqueza pode ser um instrumento poderoso nas mãos de quem tem propósito e o mínimo de temor a Deus, mas jamais deve ocupar um lugar maior que o do Criador em nosso coração. O desafio está em manter a alma livre da escravidão das cifras, ao nos lembrarmos sempre que princípios, fé e relacionamentos preparados pelo Plano Divino são o que realmente nos sustenta.

O dinheiro pode garantir conforto nesta vida, mas quando você constrói um legado, sua passagem aqui na terra não é esquecida e torna-se referência para as próximas gerações.

Essa me parece a vontade de Deus!

“O QUE
ENCOBRE AS SUAS
TRANSGRESSÕES
NUNCA PROSPERARÁ,
MAS O QUE AS
CONFESSA E
DEIXA, ALCANÇARÁ
MISERICÓRDIA.”

(PROVÉRBIOS 28,13)

**GANHE O MUNDO
SEM PERDER A ALMA**

Capítulo 5

O perigo das riquezas

> “NÃO ESGOTE SUAS FORÇAS TENTANDO FICAR RICO; TENHA BOM SENSO! AS RIQUEZAS DESAPARECEM ASSIM QUE VOCÊ AS CONTEMPLA; ELAS CRIAM ASAS E VOAM COMO ÁGUIAS PELO CÉU.”
>
> (PROVÉRBIOS 23,4-5)

“Tiago, afinal, este livro é para me incentivar a ganhar o mundo ou a ter medo disso? É para me mostrar o caminho da riqueza e de subir na Escala de Níveis Financeiros ou ver tudo isso como um erro?”

Este livro é para ensiná-lo que é possível ganhar o mundo sem perder a alma, por essa razão o conhecimento que estou me esforçando para passar aqui é exigido.

Vamos lá: o destinado não deveria negociar sua alma, não deveria se matar apenas para ter mais dinheiro, simplesmente pelo dinheiro. Ao contrário, apesar das aflições da vida, seu dia a dia deveria ter prazer, pois é para ser acompanhado por propósito e realizações. Ele deveria ser a inspiração e o socorro para os que jamais conseguirão sozinhos.

> **O DESTINADO NÃO APENAS TRABALHA, ELE TRABALHA CERTO.**

Ele deve saber que o dinheiro é só uma ferramenta e, apesar de tê-lo, jamais confiar nele.

O destinado prioriza a base emocional que é a família e, quando enriquece, não abre mão dela por causa das inúmeras opções e propostas que surgem.

Quem vai realmente prosperar — e não apenas acumular dinheiro — não destrói os fundamentos e faz do jeito certo.

> **O QUE COMEÇA ERRADO TEM GRANDE CHANCE DE TERMINAR MAL!**

Quando você gasta todo o seu tempo apenas desperdiçando forças para ganhar dinheiro, pode estar atraindo um grande problema. Dinheiro não vale tanto como se imagina. Quando se está em escassez total, ele tem valor, mas depois das necessidades básicas resolvidas, ele vai perdendo a força emocional em você. Geralmente quem não tem dinheiro suficiente para viver bem dá valor exagerado a ele.

Sim, ele paga tudo que é material, mas não resolve nada do que é espiritual ou emocional, e nosso sentido de vida está justamente na espiritualidade e nas emoções em ordem.

O dinheiro é um grande potencializador. Independentemente do que você tenha, seja bondade seja maldade, ele vai potencializar o que está dentro de você ou nas suas mãos. É como aquela frase comumente atribuída ao presidente americano Abraham Lincoln: "Quer conhecer o caráter de uma pessoa? Dê-lhe poder".

Cuide de seu coração (das motivações) antes de enriquecer. Caso contrário, quando as contas do banco estiverem abarrotadas, você poderá usar artifícios malignos como excesso de bebida, drogas e prostituição para sentir-se recompensado pelo "seu esforço e inteligência". Esse é um processo muito comum de autossabotagem.

NÃO SE SABOTE, BUSQUE AS VIRTUDES!

Os autossabotadores usam o dinheiro como patrocinador dos prazeres insaciáveis da carne, o que faz com que percam a alma. Muitas pessoas seguiram por esse caminho, mesmo tendo um destino financeiro prévio.

Os estoicos — membros da escola filosófica do estoicismo da Grécia Antiga — já defendiam a importância de focarmos nas virtudes e eliminarmos os vícios. Quando escolhemos viver assim, o dinheiro via de regra só nos traz coisas boas.

Como dizia a própria escola estoica, "não é o que acontece conosco, mas como reagimos a isso que importa", paráfrase do filósofo estoico Epiteto.

Ter dinheiro pode ser uma bênção ou uma maldição — tudo depende de quem o possui. Como já reforcei várias vezes, o problema não está no dinheiro, mas nas pessoas que o possuem.

Os alienados, por sua vez, adoram alguns dos versículos que menciono neste livro, apegando-se profundamente a eles para defender os motivos de não terem conquistado nada na vida. E usam a religião como disfarce para convencer o máximo de pessoas que ainda não descobriram o seu destino a viverem em alienação e, consequentemente, na pobreza.

Acreditam que são mais espirituais que outros porque não têm nada material. Entretanto, o fato de serem desprovidos não significa que aconteceu por escolha — eles não conseguiram conquistar. E ainda gritam por aí: “Deus odeia o rico, os ricos desprezam a Deus, olhem a história do jovem rico, lembrem-se que dificilmente o rico entrará no reino dos céus”, e por aí vai.

Nestas páginas, vou te guiar pela interpretação correta do que a Sabedoria Milenar nos ensina, e será libertador!

FAÇA DA RIQUEZA UM POTENCIALIZADOR!

Bom, a riqueza é um fardo, mas também um privilégio. Há quem ainda não tenha a mínima consciência de como é ter esse presente divino e por isso não reconhece seu valor. Eu entendo, acredito que muitos ainda estão em transição de mentalidade.

Mas vou reforçar a essência para que você não se esqueça: muita gente acha que dinheiro é a “solução de todos os problemas”, mas não é bem assim; dinheiro é um potencializador.

Se você carrega coisas boas, se seu coração é preparado, o dinheiro vai ajudá-lo a ter conforto e vai proporcionar dias especiais. Mas caso não tenha isso, o dinheiro será um problema. Veja o caso de dois militares que trabalharam com meu pai, que por trinta anos serviu no Corpo de Fuzileiros Navais, na Marinha do Brasil. Essas histórias aconteceram em épocas diferentes, mas tiveram o mesmo enredo.

Esses militares, um cabo e um sargento, ganharam na loteria. Não era muito dinheiro, nem sequer capaz de "resolver a vida para sempre"; ainda assim, foi uma boa quantia.

Sabe o que os dois fizeram assim que colocaram a mão no valor? É importante reforçar: essas histórias não aconteceram na mesma época e ambos nem se conheciam, logo, a escolha de um não influenciou o outro. Assim que ficaram "ricos", os dois saíram de casa e abandonaram a esposa.

O dinheiro potencializou a maldade que eles já tinham, compreende?

Você conhece alguém que conseguiu levar sua riqueza acumulada para a eternidade? Não existe. Pois bem: "tudo é vaidade". Ahá! (Eclesiastes 1,2).

Quem escreveu o versículo anterior foi o homem mais rico que o mundo já teve, o rei Salomão. E por que ele diria isso?

Porque, ao ter dinheiro, descobre-se automaticamente que ele não vale tanto quanto imaginávamos — essa conclusão não é um desencorajamento para você ter dinheiro, apenas deixo claro que ele não resolve tudo e não pode ser levado para o mundo vindouro.

Ele paga boletos, mas não traz sentido para a vida; ele compra conforto e facilidades, mas não conquista paz nem felicidade. E por causa da busca descontrolada por ele, o ser humano quase sempre se perde no caminho.

A verdade é que ter dinheiro é perigoso para quem não está com a ALMA (espiritualidade, sentimentos, emoções e consciência) em dia.

> DINHEIRO É PERIGOSO PARA QUEM NÃO SABE LIDAR COM ELE. E É UM FACILITADOR PARA QUEM SABE.

Por causa da ganância e do excesso de desejos financeiros, muitas coisas valiosas foram perdidas: famílias, emoções saudáveis, valores morais e a própria alma.

Para GANHAR O MUNDO, sua alma precisa estar bem firmada na Verdade. Acredite: só assim enriquecer terá sentido.

Quem olha superficialmente algumas passagens bíblicas tem a tendência de achar que a Bíblia repudia a riqueza. Definitivamente, não se trata disso. Na verdade, sempre é um alerta sobre os perigos e enganos que ela traz consigo.

Quando alguém começa a prosperar, muitos inimigos internos passam a esbravejar: egoísmo, orgulho, altivez, prepotência, autossuficiência, independência espiritual, prazeres carnais aflorados, avareza e dureza de coração são alguns dos que disputam espaço em nosso interior. E os externos, como inveja e perseguição, aparecem em seguida.

As obras da carne (Gálatas 5,19-21) tornam-se mais acessíveis e realizáveis quando há dinheiro sobrando.

É nesse momento que muitos maridos se acham "superbonitos, poderosos e especiais" e largam as esposas — que, inclusive, os ajudaram a construir o que eles têm —, se afastam da espiritualidade, dos princípios milenares e destroem a próxima geração e seu legado, os filhos.

Deus manda sinais claros de que, apesar de o dinheiro parecer algo maravilhoso para todos, ele é um talento que só pode ser administrado por alguns.

Veja como se comportam alguns ganhadores da loteria e você entenderá perfeitamente o que digo. Quem tentou burlar o processo da aquisição das riquezas (que é o que lhe traz maturidade e preparo para lidar com tudo) não teve estrutura emocional, espiritual e mentalidade para segurar a conquista e acabou perdendo tudo. A desgraça foi ainda maior do que jamais ter tido dinheiro. É ou não é?

Isso porque, em outro capítulo, chamamos essa categoria de pessoas de "sortudos". Agora, se assim fosse, a loteria não seria também chamada de "jogo de azar".

Então, não corra atrás do que não é para você. Cada um deve descobrir qual é o seu destino na Escala de Níveis Financeiros e cumprir seu propósito a partir daí.

Seria como se eu, aos 44 anos de idade, ao assistir a uma edição das Olimpíadas, cismasse que agora posso ser um atleta olímpico pelo simples fato de ter visto alguém ganhando uma medalha. Não funciona.

Na vida financeira é assim: você assiste à riqueza de alguém pelo Instagram e resolve se tornar rico. Riqueza, porém, não é um sentimento nem um desejo que nasce porque você viu o carro esportivo de luxo de alguém, mas um talento impossível de ser apagado em você.

Talentos nascem conosco, mas não dependem apenas de nós. Fatores externos como a geografia, o estado de saúde, a criação, o histórico familiar, as oportunidades oferecidas e as pessoas à nossa volta criam a possibilidade real de riqueza ou não.

É claro que, como afirmei logo no início do livro, se você está com este conteúdo em mãos, há 99% de chances de ser um destinado. Um alienado acha que o conhecimento é uma grande perda de tempo, ele zomba dos que se preparam para o futuro.

A HISTÓRIA DO JOVEM RICO OU A PROPOSTA FINANCEIRA MAIS OUSADA DO MUNDO!

"Quando Jesus ia saindo, um homem correu em sua direção, pôs-se de joelhos diante dele e lhe perguntou: 'Bom mestre, que farei para herdar a vida eterna?'"

(Nessa época as pessoas não tinham o conhecimento de que não são as nossas obras que nos salvam, mas a graça de Cristo Jesus através da fé. Por isso ele pergunta o que pode FAZER para ser salvo.)

> "Então o mestre lhe pergunta: 'Por que você me chama bom? Ninguém é bom, a não ser um, que é Deus. Você conhece os mandamentos: 'não matarás, não adulterarás, não furtarás, não darás falso testemunho, não enganarás ninguém, honra teu pai e tua mãe'.
>
> O jovem rico respondeu: 'Mestre, a tudo isso tenho obedecido desde a minha adolescência'.
>
> Jesus o olha nos olhos e o ama. E complementa dizendo: 'Falta-lhe uma coisa. Vá, venda tudo o que você possui e dê o dinheiro aos pobres, e você terá um tesouro no céu. Depois, venha e siga-me'". (Marcos 10,17-22)

Apesar de Jesus tê-lo amado e feito uma proposta financeira jamais feita (trocar tesouros da terra, que terminam, por tesouros eternos), o jovem se entristeceu e declinou da oferta.

Aqui aprendemos MUITO em poucas palavras.

O jovem consegue acesso ao homem mais famoso do mundo, aquele que podia realizar qualquer coisa, então pergunta o que pode fazer para ter vida eterna (geralmente o rico confia no que pode FAZER e não no que Deus pode DAR) e revela que seu alvo era a salvação da alma. Era isso que o rico queria. Motivação excelente.

Mas, nitidamente para testar o coração desse jovem e levá-lo a outro patamar (o de andar lado a lado com Jesus fisicamente), ele precisava deixar o que o prendia. Neste caso, a riqueza.

Pedro, Tiago e João tiveram que fazer o mesmo, abandonar os barcos que possuíam e seguir a Jesus, e assim o fizeram. Por que quem quer fazer parte de um grande projeto, terá que abandonar os pequenos.

Jesus não estava convidando o rico para a pobreza, e sim para largar o que era efêmero para fazer história junto a ele.

Não se deixe enganar: esse não é um mandamento bíblico, ou seja, uma ordenança para todos que têm dinheiro. É a história pessoal desse jovem ao encontrar-se com Jesus, a história de quem iria deixar algo aqui na terra para pessoalmente construir a História com Jesus.

Muitos ricos de hoje pagam fortunas para serem reconhecidos, saírem nas revistas, serem convidados para podcasts e festas midiáticas.

Jesus estava propondo para aquele jovem ENTRAR DEFINITIVAMENTE PARA A HISTÓRIA que seria contada para sempre, a do Evangelho. O jovem rico não entendeu a dimensão da proposta.

Enfim, Deus não pede para todos venderem o que têm e dar aos pobres, ele testou aquele coração em específico, apesar de deixar claro que aqueles que prosperam devem ter um compromisso em ajudar os necessitados.

CONTENTAMENTO E TRÊS NÍVEIS DA PROSPERIDADE

O apóstolo Paulo nos ensina que, se temos o que comer e vestir, estejamos satisfeitos, contentes (1Timóteo 6,8). Tudo que passa disso é lucro e nos coloca em dívida com Deus.

Você, que já conquistou alguma coisa na vida, olhe à sua volta. Quem mais da sua família prosperou assim? E, entre seus amigos de infância, quem conquistou como você?

Por mais que você tenha se esforçado e feito sua parte, como explicar a saúde que teve para chegar até aqui? As pessoas que conheceu do nada e abriram grandes portas para você? A sabedoria que acumulou a ponto de tomar várias decisões certas na mesma direção? E como explicar o lugar de onde veio? E onde as coisas começaram a acontecer financeiramente para você? DESTINO!

Não podemos nos esquecer de que temos mais do que precisamos, e que foi um ser divino que nos proporcionou isso. Então, além de gratos, devemos estar contentes com o nível ao qual chegamos. Também podemos ficar em paz se nosso destino é crescer ainda mais e nos mover na escala financeira. Os negócios continuarão chegando, pessoas continuarão a ser apresentadas e as ideias jamais vão parar de surgir.

Não se preocupe com o seu amanhã financeiro, apenas continue a fazer sua parte com excelência.

O importante é que o DINHEIRO por si só não seja o que o motiva. Sua motivação deve ser o propósito que vai fazer a riqueza correr atrás de você. E quando você prosperar, cuidado com a cobiça do nível seguinte. Desfrute do que tem e confie que Deus o levará aonde Ele quiser depois. Confie e descanse!

Confesso que estou vivendo um tempo de surpresas divinas. Jamais imaginei viver o que estou vivendo, nem nos meus melhores sonhos. Foi aí que, procurando firmemente na Bíblia, encontrei a resposta para a pergunta que rondava meu coração: "Por que tudo isso está acontecendo comigo?".

Além de **destino e mentalidade**, eu me encaixei nos níveis de prosperidade previstos pelas Escrituras. Veja se você consegue identificar em qual nível está. São eles:

NÍVEL 1: TENDO O BÁSICO, ESTEJA CONTENTE

> "BUSQUEM, POIS, EM PRIMEIRO LUGAR O REINO DE DEUS E A SUA JUSTIÇA, **E TODAS ESSAS COISAS** LHES SERÃO ACRESCENTADAS."
>
> (MATEUS 6,33, GRIFOS NOSSOS)

Para entender o que são todas "essas coisas", precisamos ler os versículos anteriores ao 33, que tratam de comida, bebida e vestimenta. Pegue sua Bíblia e leia os versículos 25 a 32.

Em 2014, quando quebrei e fiquei sem dinheiro, decidi viver pelo que estava escrito e não pelo que eu queria. Essa decisão me fez temer a Deus e buscá-Lo acima de tudo. Minha prioridade, em relação ao que possa existir na minha vida, é o Reino de Deus. Então, comecei a querer Sua justiça, não a dos homens. Com esse posicionamento e trabalho estratégico, o básico nunca mais me faltou. Nunca mais!

NÍVEL 2: SONHE, E DEUS O AJUDARÁ

> "DELEITE-SE NO SENHOR,
> E ELE ATENDERÁ AOS DESEJOS
> DO SEU CORAÇÃO."
>
> (SALMOS 37,4)

Quando chega a esse nível, você começa a ter prazer nas coisas espirituais: ama estar em oração e conversar com Deus, sente a presença Dele em tudo o que faz, fica ansioso para ler a Bíblia e ter melhor entendimento do que está escrito, ouve louvores e sente a paz que excede todo o entendimento.

Ao encontrar alegria verdadeira nesse estilo de vida, você aprende a amar e a desejar o que Deus deseja para a sua vida, o que transforma sua maneira de pensar e de agir.

Em 2017, comecei a viver essa realidade, apesar de ainda estar meio perdido emocionalmente, estranhando a fase de ficar conhecido e de ser reconhecido por onde ia. Tive um surto emocional e uma confusão mental tão forte que decidi me mudar de país, o que aconteceu em 2018. Morando em Orlando e com mais tempo livre na agenda, comecei a me deleitar no Senhor. E adivinha o que aconteceu? Os desejos do meu coração (meus sonhos mais íntimos) começaram a acontecer. Escrevi o livro *Especialista em pessoas*, que me posicionou como um dos escritores mais bem-sucedidos do Brasil, meus livros conquistaram livrarias, aeroportos e até lojas de conveniência em postos de gasolina. Assinei o contrato do maior negócio da minha vida até então. Por fim, meus sonhos estavam se tornando realidade!

NÍVEL 3: AME A DEUS; ELE O SURPREENDERÁ

> "TODAVIA, COMO ESTÁ ESCRITO:
> 'OLHO NENHUM VIU, OUVIDO
> NENHUM OUVIU, MENTE NENHUMA
> IMAGINOU O QUE DEUS PREPAROU
> PARA AQUELES QUE O AMAM'."
>
> (1CORÍNTIOS 2,9)

A sabedoria humana não pode ser comparada à sabedoria de Deus. O amor ao Senhor e minha dedicação mais intensa à Bíblia a cada dia foram ampliando minha percepção do mundo ao meu redor. Sei que o Criador age em meu favor nesta terra, mas o que há de mais bem reservado para mim é o que viverei na eternidade. Quando alcancei esse nível de intimidade e sabedoria, o que jamais imaginei começou a acontecer.

Tomei atitudes que provaram que eu amava muito mais a Deus do que ao dinheiro, e os negócios começaram a crescer de forma exponencial.

Recusei diversas propostas de negócios por saber que Deus não aprovaria a mentira disfarçada de proposta comercial. Quando nosso coração está mais apegado à eternidade do que à materialidade, estamos prontos para esse nível. E acredite, é sobrenatural.

Começam a chegar convites de toda parte do mundo. Os recursos o perseguem por onde você vai; as mesas mais importantes do país lhe oferecem assento. Você encontra paz familiar, saúde e esperança de futuro.

Nesse nível, você se humilha completamente debaixo da poderosa mão de Deus, pois tem consciência de que seria impossível ter sido você. De tudo que é conquistado, você não se considera dono, mas um mordomo, um verdadeiro administrador às ordens de Deus.

É claro que nada disso cai do céu. Tive que treinar uma equipe, contratar bons administradores, formar um time de vendas, fazer conexões estratégicas, ler muitos livros e produzir MUITO conteúdo. No entanto, tenho clareza de que tem gente que faz tudo isso e ainda melhor do que eu, mas não consegue os mesmos resultados. É sinal de que não depende apenas da força do seu trabalho, mas dos princípios que você cumpre e, é claro, do destino.

Já entendemos que o dinheiro é um ótimo servo e um péssimo senhor, então precisamos saber em que vamos utilizá-lo, certo?

Biblicamente há ordens que precisam ser seguidas:

1. O dinheiro servirá ao seu destino na terra

Ainda que a Bíblia não nos apresente essa informação diretamente, por ter o ofício de carpinteiro (Marcos 6,3), Jesus talvez tenha ganhado dinheiro por meio do trabalho antes de iniciar seu ministério. Acredito que ele tenha investido pelo menos parte do valor em seu propósito de pregar a Palavra e na ajuda aos pobres.

Paulo recebia donativos de diversas regiões da Ásia Menor para cumprir seu destino (Romanos 15,26; 2Coríntios 11,8; Filipenses 4,10-14).

Salomão investiu sua fortuna para construir seu reino e tinha tempo livre para escrever livros, pregar e ensinar (Eclesiastes 2; 1Reis 10).

Depois de buscar o Reino de Deus, gaste seu tempo, energia e recursos, em primeiro lugar, para viver seu destino. O meu é anunciar as Boas Notícias do Evangelho (pregar a Palavra) e treinar pessoas para que tenham vida digna na terra. Então, em vez de comprar um avião maior ou acumular casas mundo afora, construí um centro de treinamento e uma central de estúdios para potencializar meu propósito e viver o meu destino.

Posso afirmar que invisto mais nos projetos divinos que me são confiados do que em minhas vontades ou prazeres.

2. O dinheiro servirá a sua família

1Timóteo 5,8 diz: "Se alguém não cuida de seus parentes, e especialmente dos de sua própria família, negou a fé e é pior que um descrente".

Dar conforto à família é parte da responsabilidade de quem recebe o talento com dinheiro. Ajudar familiares e servir aos amigos de alguma forma também é um compromisso que devemos assumir.

Quando enriqueci, além de criar estrutura para viver meu chamado na terra, dei dignidade e conforto para minha família. Construí uma boa casa para colecionarmos lembranças juntos, realizei viagens dos sonhos com eles e os coloquei em boas escolas. Além disso, "comprei" tempo ao contratar uma boa equipe do lar para facilitar nosso dia a dia. Hoje não preciso ir ao supermercado nem ao banco, porque temos uma equipe que cuida dessas áreas. Uma das grandes funções do dinheiro é dar a você TEMPO para gastar com o que realmente importa.

É importante lembrar que *família* é cônjuge (marido ou esposa) e filhos. O restante é familiar, o que torna nossa responsabilidade diferente. Honrei meus pais financeiramente e os levei para fazer viagens, mas minha responsabilidade é com minha esposa e meus filhos. Também ajudei meus irmãos e amigos próximos. Às vezes, o auxílio não significa dar ou emprestar dinheiro, mas dar acesso, emprestando minha influência ou networking.

3. O dinheiro servirá aos domésticos da fé

Gálatas 6,10 afirma: "Portanto, enquanto temos oportunidade, façamos o bem a todos, especialmente aos da família da fé".

Em terceiro lugar, temos de nos atentar às necessidades dos nossos irmãos na fé. Eles precisam da nossa atenção.

Sugiro que não dê emprego na sua empresa, pois pode lhe causar problemas. Em vez disso, use sua influência para conseguir empregos em outros lugares para quem precisa.

Perceba à sua volta quem são os que vivem em carência severa e, de maneira anônima, resolva a situação emergencial. Por exemplo, às vezes, descubro que um dos nossos está sem gás em casa ou sem condições de fazer a compra do mês; nesses casos, vou até lá sem ninguém saber e presto ajuda.

Essa é uma maneira de você se tornar um bálsamo para um irmão ou uma família na fé.

4. **O dinheiro servirá aos pobres**

> "SEMPRE HAVERÁ POBRES NA TERRA. PORTANTO, EU LHE ORDENO QUE ABRA O CORAÇÃO PARA O SEU IRMÃO ISRAELITA, TANTO PARA O POBRE COMO PARA O NECESSITADO DE SUA TERRA."
>
> (DEUTERONÔMIO 15,11)

> "QUEM TRATA BEM OS POBRES EMPRESTA AO SENHOR, E ELE O RECOMPENSARÁ."
>
> (PROVÉRBIOS 19,17)

O Criador nos informou, e Jesus já confirmou que os pobres não deixarão de existir na terra. Como falei anteriormente, o mundo sempre terá 1% de sua população que prospera muito além dos demais. Já 99% ficarão entre a estabilidade mediana e a luta contra a pobreza extrema.

A responsabilidade de quem alcança a riqueza é acudir o necessitado e socorrer quem precisa de ajuda. Tenha como meta de vida ser generoso, e você receberá proteção divina. Quer ver?

> “COMO É FELIZ AQUELE QUE SE INTERESSA PELO POBRE! O SENHOR O LIVRA EM TEMPOS DE ADVERSIDADE. O SENHOR O PROTEGERÁ E PRESERVARÁ A SUA VIDA; ELE O FARÁ FELIZ NA TERRA E NÃO O ENTREGARÁ AO DESEJO DOS SEUS INIMIGOS. O SENHOR O SUSTERÁ EM SEU LEITO DE ENFERMIDADE, E DA DOENÇA O RESTAURARÁ.”
>
> (SALMOS 41,1-3)

Se, de alguma forma, esses textos da Sabedoria Milenar confrontam a maneira como você pensa, porque você acha que não deve nada a ninguém, saiba que seu coração precisa ser transformado.

NO MUNDO DOS DESTINADOS, ORGULHO E EGOÍSMO NÃO EXISTEM.

Fomos beneficiados por Deus para servir à nossa geração. Entenda: o Senhor não o proíbe de viver tudo de bom que há na vida; portanto, também enxergue os outros e seja fiel às instruções divinas.

Dinheiro, assim como propósito de vida, existe para abençoar os demais. A Bíblia diz que podemos conhecer uma árvore pelos frutos que dá. Se o fruto é uma maçã, a árvore é uma macieira. Se a maçã é boa, aquela árvore é boa, rica em nutrientes, tem água e sombra à disposição (Lucas 6,43-45). Isso significa que árvores saudáveis têm tudo para crescer, se desenvolver bem e dar uma boa colheita, correto?

Mas quem come a maçã não é a árvore, e sim as pessoas. É assim porque o propósito da macieira é alimentar gente e animais. Quando temos dinheiro, também temos "nutrientes, água e sombra fresca", e apenas cumprimos nosso propósito quando nosso fruto ajuda alguém.

Aquele que entende essa verdade tem o dinheiro como grande aliado nesta terra.

Meu conselho? Reformule sua relação com o dinheiro.

“NA MÃO DIREITA,
A SABEDORIA
GARANTE A VOCÊ
VIDA LONGA;
NA MÃO ESQUERDA,
RIQUEZAS E HONRA.”

(PROVÉRBIOS 3,16)

GANHE O MUNDO
SEM PERDER A ALMA

Capítulo 6

Sabedoria e disciplina

Agora que você está vacinado contra o inimigo de Deus e contra o perigo das riquezas, vamos seguir falando em crescimento, ok?

Não é possível falar sobre ganhar o mundo sem mencionar a história de Salomão. Apesar de já tê-lo mencionado no livro em outros momentos, porque é impossível falar de riquezas e sabedoria e não falar dele, agora quero me debruçar de forma mais detalhada em sua história. Ele foi o terceiro rei de Israel, o homem mais rico de sua época e é considerado o mais sábio de todos os tempos.

Ele herdou o trono do pai, o rei Davi (1Crônicas 28,5), conquistou o mundo da época (1Reis 4,21-24) e governou sem ter um inimigo sequer na fronteira (1Reis 4,24). Guerras podiam significar perda de homens, territórios e até a vida do próprio rei; ou seja, prejuízos, muitos prejuízos. No período de seu reinado, Salomão viveu sem se preocupar com essas ameaças.

Ele tinha mais dinheiro do que qualquer outro governante (1Reis 10,23), e os líderes dos outros reinos da terra iam até ele buscar conselhos (1Reis 10,24; 2Crônicas 9,23). Isso sim é ganhar o mundo!

Seu fim, no entanto, aparentemente, foi péssimo (1Reis 11). E é provável que tenha perdido a alma. Isso é terrível. Mas como pode ele ter chegado a esse ponto mesmo sendo tão sábio?

Como a existência de Salomão foi recheada de conquistas, riquezas e muita glória, vamos aprender até a parte em que sua vida foi produtiva, relevante e espiritualizada. E ainda neste capítulo vou lhe contar onde ele errou e porque terminou mal.

Como filho do ilustre rei Davi, Salomão foi muito bem treinado. Vemos isso claramente em Provérbios 4. Sugiro que você leia o capítulo inteiro e reflita sobre cada instrução, pois são pensamentos preciosos e que devem ser aplicados diariamente em sua vida pessoal, familiar, profissional e financeira.

Entretanto, deixo aqui um trecho valioso, os seguintes versículos:

> “NÃO ABANDONE A SABEDORIA, E ELA O PROTEGERÁ; AME-A, E ELA CUIDARÁ DE VOCÊ. O CONSELHO DA SABEDORIA É: PROCURE OBTER SABEDORIA; USE TUDO QUE VOCÊ POSSUI PARA ADQUIRIR ENTENDIMENTO.”
>
> (PROVÉRBIOS 4,6-7)

Além de ter sido treinado pelo pai, o notável rei Davi, um herói nacional, o homem mais rico que já existiu, recebeu outro presente divino: sabedoria e conhecimento. Aconselho a quem já é ciente de que tem um destino financeiro a orar diariamente pedindo a Deus por SABEDORIA. Provérbios dá dicas preciosas sobre isso:

> “COM SABEDORIA SE CONSTRÓI A CASA, E COM DISCERNIMENTO SE CONSOLIDA.”
>
> (PROVÉRBIOS 24,3)

> “O HOMEM SÁBIO É PODEROSO, E QUEM TEM CONHECIMENTO AUMENTA A SUA FORÇA.”
>
> (PROVÉRBIOS 24,5)

Nos mais de 3 mil provérbios que escreveu, Salomão nos ensina muito sobre disciplina e sabedoria, deixando claro que essa foi a base da construção de sua imensa riqueza.

SE VOCÊ QUER ALCANÇAR
A VERDADEIRA RIQUEZA,
BUSQUE A SABEDORIA.

“O TEMOR DO SENHOR É O PRINCÍPIO DO CONHECIMENTO, MAS OS INSENSATOS DESPREZAM A SABEDORIA E A DISCIPLINA.”

(PROVÉRBIOS 1,7)

Quem é o insensato?

O zombador, o alienado, aquele que possui mentalidade 1. Essas pessoas costumam desprezar quem prospera, estão sempre “seguindo a manada” e têm mente de sobrevivente. Enxergam somente o presente, o agora, e estão acostumados a fazer escolhas erradas.

O provérbio diz que esse insensato menospreza justamente quem constrói as riquezas e, assim, nunca as terá. Nunca!

Quem já expandiu a consciência, entendeu seu destino, não quer negociar a alma e está focado agora no temor ao Senhor.

O QUE É TEMER A DEUS?

É respeitá-Lo e amá-Lo tanto que chega ao ponto de não ter coragem de fazer algo que Ele odeia.

A Bíblia, em Provérbios, diz que o Criador de todas as coisas odeia:

> "HÁ SEIS COISAS QUE O SENHOR ODEIA, SETE COISAS QUE ELE DETESTA: OLHOS ALTIVOS, LÍNGUA MENTIROSA, MÃOS QUE DERRAMAM SANGUE INOCENTE, CORAÇÃO QUE TRAÇA PLANOS PERVERSOS, PÉS QUE SE APRESSAM PARA FAZER O MAL, A TESTEMUNHA FALSA QUE ESPALHA MENTIRAS E AQUELE QUE PROVOCA DISCÓRDIA ENTRE IRMÃOS."
>
> (PROVÉRBIOS 6,16-19)

Se temo a Deus, não tenho prazer nessas coisas e me afasto delas. Com o temor ao Senhor, vivo o princípio do conhecimento, recebo sabedoria e desenvolvo disciplina para vencer.

As decisões que transformaram o menino Salomão em um rei admirado pelas nações foram tomadas sob essa perspectiva vinda de Deus, que é a sabedoria. Isso evidencia que tudo o que falamos nos primeiros capítulos a respeito da importância de ter uma mentalidade alinhada ao destino e ao alto é algo primordial para o êxito financeiro e o avanço na Escala de Níveis Financeiros.

Reis e governantes saíam de seu país e viajavam até Jerusalém para ver de perto o conhecimento e a excelência do rei de Israel. A rainha de Sabá, a soberana do território que hoje é a Etiópia, na África, quis conhecer Salomão. Além de levar muitas riquezas de presente, ela disse que tudo o que escutou sobre o rei de Israel foi pouco diante do que ela viu pessoalmente (1Reis 10,6-7; 2Crônicas 9,1-12).

A BUSCA PELA DISCIPLINA

Agora, vale lembrar que, em Provérbios, a palavra "disciplina" tem duplo significado. Tanto quer dizer "fazer o que precisa ser feito em alta performance", quanto também "ser chamado atenção, ser repreendido". E foi essa união de sabedoria com disciplina (repreensão) que tornou Salomão o homem mais rico da História.

> "TODO O QUE AMA A DISCIPLINA AMA O CONHECIMENTO, MAS AQUELE QUE ODEIA A REPREENSÃO É TOLO."
>
> (PROVÉRBIOS 12,1)

Quem odeia receber críticas ou advertências geralmente é alienado e possui mentalidade tipo 1.

Já Salomão tinha um destino, não era um alienado, tinha mentalidade nível 4 e, claro, formou um conselho para orientá-lo. Ele era obstinado, tinha preparo para lidar com as responsabilidades, tomava muitas decisões certas na mesma direção e sabia se relacionar — inclusive, politicamente.

Dinheiro nunca chega por acaso e, quando vem por meio de uma das exceções da vida, como um bilhete premiado de loteria, costuma ser perdido logo e causar vergonha ainda maior, como falamos no capítulo anterior.

DISCIPLINA E OS PRAZERES DA CARNE

Não existe maior inimigo das conquistas da vida do que os prazeres carnais, sejam eles lícitos, mas é claro, principalmente os ilícitos.

De maneira lícita você pode viajar, beber socialmente um vinho com os amigos, comer nos melhores restaurantes e aproveitar o melhor da vida, o que mais lhe agrada. Mas se fizer isso todo dia, e descontroladamente, criará problemas sem precedentes.

Mesmo conquistado de maneira lícita, não convém viver de prazeres, que devem ser a exceção, a recompensa por algo, não um estilo de vida.

Analise a vida diária de grandes CEOs ou fundadores de grandes negócios, aqueles que via de regra estão no topo da pirâmide e são criadores de ecossistemas. A disciplina é inegociável: acordam cedo, treinam fisicamente, meditam, não chegam atrasados em compromissos pois sabem o valor do tempo, se vestem adequadamente para cada ambiente e por aí vai. Eles fazem o que precisa ser feito.

Veja a vida dos esportistas que ganharam medalhas de ouro ou campeonatos mundiais. Os vencedores priorizaram a disciplina! E não por acaso eles também estão em ótima posição na Escala de Níveis Financeiros.

Aprender a dosar o prazer ajuda a ter equilíbrio e a não cair no vazio da vida. Imagine que seu prazer é comer, digamos, doce de leite. Se você pudesse provar o melhor doce de leite do mundo hoje, tenho certeza de que gravaria esse dia para sempre, não é mesmo? E se comesse mais amanhã? E mais no dia seguinte? E se lhe dessem colheres do melhor doce de leite do mundo todos os dias durante diversos meses consecutivos? Já imaginou?

Primeiro, ele deixaria de ser especial logo no início, pois teria entrado para a rotina. Segundo, depois de se tornar comum, o melhor doce de leite do mundo se tornaria enjoativo. Alguns dias depois, você desejaria qualquer coisa, menos o melhor doce de leite do mundo. Por fim, esse consumo exagerado prejudicaria muito a sua saúde.

Por essa razão, reforço: os prazeres têm de ser exceção, não um estilo de vida. Já expliquei bem isso em um capítulo anterior, mas preciso relembrá-los.

Adoro escutar música, amo viajar e gosto muito de ir a bons restaurantes com amigos. Mas tenho minha rotina saudável (física e emocionalmente) a cumprir. Sou pai de quatro filhos aos quais dou atenção e tempo. Já minha esposa se dedica a fortalecer os laços familiares, enquanto eu gravo meus programas de YouTube todos os dias e viajo com muita frequência a trabalho. Minha missão na terra não me permite viver apenas do que me dá prazer. Acordo e foco na agenda a cumprir.

Quando alcançamos uma meta, um objetivo, ou temos uma vitória para comemorar, vamos a um bom restaurante com amigos ou viajamos. Para ser especial, não pode ser algo de "todo dia", entende?

Em relação aos prazeres ilícitos, além de brigarem contra suas conquistas e rapidamente desviarem o rumo das coisas, são pecados que afastam você de Deus, como prostituição, bebedeiras, orgias, orgulho e vaidade.

Com o passar do tempo e a existência dos diversos tipos de mídias e redes sociais, temos sido cada vez mais expostos a pessoas que revelam prazeres ilícitos. E uns fazem isso com a maior "alegria", como se fosse algo realmente bonito e agradável.

O que mais vejo entre os ricos que estão vendendo sua alma (e conheço vários) é o uso de excesso de prazeres carnais para mascarar o vazio que sentem por dentro. Eles procuraram solução para o vazio com psiquiatra, terapeuta, advogado, banqueiro... Mas nenhum desses lhes apontou a solução.

Alguns desses ricos que são vazios de alma empurram o sentimento com a barriga ao fazer viagens mirabolantes, compras exorbitantes e gastos com luxos em um nível surreal.

Quero deixar aqui poderosos versículos da carta que o apóstolo Paulo escreveu aos gálatas, povo que vivia na região da Galácia, no centro da atual Turquia asiática:

> “MAS, SE VOCÊS SÃO GUIADOS PELO ESPÍRITO, NÃO ESTÃO DEBAIXO DA LEI. ORA, AS OBRAS DA CARNE SÃO MANIFESTAS: IMORALIDADE SEXUAL, IMPUREZA E LIBERTINAGEM; IDOLATRIA E FEITIÇARIA; ÓDIO, DISCÓRDIA, CIÚMES, IRA, EGOÍSMO, DISSENSÕES, FACÇÕES E INVEJA; EMBRIAGUEZ, ORGIAS E COISAS SEMELHANTES. EU OS ADVIRTO, COMO ANTES JÁ OS ADVERTI, QUE OS QUE PRATICAM ESSAS COISAS **NÃO HERDARÃO O REINO DE DEUS.**”
>
> (GÁLATAS 5,18-21)

Vou repetir a ideia que venho compartilhando com você ao longo deste livro: o problema não é o dinheiro, é o que as PESSOAS fazem com ele ou o que ele potencializa nas pessoas.

De que adianta ganhar o mundo, mas ser egoísta, cheio de ira (raiva) e ódio, viver na libertinagem? Nada, pois vai perder a alma. Está escrito, e ninguém pode apagar a regra eterna.

Sei que essa forma de conduta não é a realidade; no mundo ideal, os prazeres são exceções na vida dos ricos, e cumprir o propósito é a prioridade. Mas no mundo real, muitos se entregam aos próprios desejos.

A Bíblia já diz no livro de Tiago: "E a perseverança deve ter ação completa, a fim de que vocês sejam maduros e íntegros, sem lhes faltar coisa alguma" (Tiago 1,4).

Jesus, mais do que ninguém, ganhou o mundo sem perder a alma.

Ele teve momentos de prazer? SIM!

Jantava na casa dos ricos (Lucas 19,5-7), participava de banquetes, gostava de comer e de beber vinho (Lucas 7,33-34), ia a festas (judaicas), casamentos (João 2,1-11) etc.

Mas foram exceções em sua passagem aqui na terra. Seu dia a dia era o cumprimento de seu destino profético, o que envolvia longas caminhadas, pés empoeirados, cumprimento de agenda cheia e cansaço frequente. A vida nunca é fácil!

> **ISSO É DISCIPLINA: FAZER O QUE ÀS VEZES NÃO DÁ PRAZER PARA TER O RESULTADO QUE DÁ.**

Por que Cristiano Ronaldo, português jogador de futebol, um dos maiores esportistas do planeta e o homem mais seguido do mundo nas redes sociais, acumulou riquezas que garantem financeiramente toda a sua vida, e outros jogadores também famosos acabam na miséria?

Vamos lá:

1. Cristiano sai do treino e vai para casa.
Não gasta tempo, energia e dinheiro em festas. Além disso, cuida da saúde como poucos. Certa vez, em uma entrevista coletiva à imprensa, durante a Euro 2020, Cristiano, atacante da seleção de Portugal, tirou da mesa em que daria a entrevista duas garrafas de refrigerante — um dos grandes patrocinadores da competição. Em seguida, disse: "Água..."

2. Ele sabe negociar (ou alguém de sua equipe sabe).
Seus contratos extracampo, como publicidades, anúncios no Instagram, uso de imagem, monetização do YouTube e outras redes, são multimilionários.

Em 2025, a revista *Forbes* publicou que Cristiano Ronaldo é o atleta mais bem pago do mundo. Somando salário e patrocínios, ele tem um rendimento de R$ 1,5 bilhão por ano. Isso quer dizer que ele recebe R$ 4,1 milhões por DIA, seja de folga seja de um jogo importante.

3. Ele tem autodisciplina.

Ninguém precisa implorar para ele fazer o que tem que fazer.

Em maio de 2025, aos 40 anos, o astro português descobriu que a idade metabólica de seu corpo é de 28,9 anos. Se não se cuidasse e não treinasse da forma certa, a conta seria outra. Diante da surpresa, em entrevista ao podcast da Whoop, empresa especializada em monitoramento de saúde e desempenho físico, que tem CR7 como embaixador, ele afirmou: "Isso significa que vou jogar futebol por mais dez anos".

Agora, como foi dito, essa não é a realidade da maioria dos jogadores de futebol, muito pelo contrário. Infelizmente, Cristiano Ronaldo é a exceção, não a regra.

Em uma entrevista, Ronaldo Nazário, o brasileiro conhecido como Fenômeno, fez um comentário sobre jogadores que se aposentam. Disse que 90% deles passam a viver um grave declínio financeiro e alguns entram em sérios problemas por falta de dinheiro.

Isso significa que, sem sabedoria e disciplina, não só deixaremos de construir um legado, como também jamais manteremos qualquer conquista de pé.

Dos destinados, Deus espera SABEDORIA (que é dom divino, peça a ele) e DISCIPLINA (que vem de você, tome a decisão).

Bem... vamos à conclusão sobre a vida do homem mais rico que já existiu? Estou falando de Salomão, não do CR7, ok?

NÃO FAÇA COMO SALOMÃO NESTE CASO: TERMINE BEM!

Salomão viveu bem, foi honrado por nobres e pelo povo, construiu o que ninguém havia construído, seu menu degustação diário era absurdamente incrível e abundante, teve mil mulheres (700 esposas e 300 concubinas), era um homem que temia a Deus, consultava ao Senhor e tinha um conhecimento único, inigualável e admirado por todos.

Se ele tinha tanta sabedoria, como estragou tudo no final?

Você já deve ter percebido que dá para ficar rico sem Deus. Mas é impossível "ganhar o mundo sem perder a alma" sem Ele.

O rei de Israel tinha um modo de viver extravagante. Veja isto:

- O palácio dele era tão suntuoso que levou treze anos para ser construído, com colunas de cedro do Líbano, pátios enormes e acabamento de ouro (1Reis 7,1-12). Detalhe: o Templo de Deus foi levantado em sete anos.
- Seu trono era de marfim revestido de ouro, com seis degraus, braços e diversos leões esculpidos (1Reis 10,18-20).
- Todas as taças e todos os utensílios de Salomão eram de ouro, pois "Nada se fazia de prata, porque nos dias de Salomão ela não tinha valor" (1Reis 10,21).
- O rei tinha 1,4 mil carros, 12 mil cavaleiros e seus cavalos eram importados do Egito e da Cilícia (1Reis 10,26-29).
- Ele tinha até escudos de ouro: 200 grandes, cada um com 7,2 quilos, e 300 menores, de ouro batido, cada um com 1,8 quilo (1 Reis 10,16-17).

Para ter uma ideia do valor disso e de porquê podemos dizer que Salomão teve uma vida extravagante, hoje, enquanto escrevo este livro, um quilo de ouro custa mais de R$ 600 mil; ou seja, um escudo pequeno de Salomão valeria mais de R$ 1 milhão. Impressionante, não? Pois é.

O filho de Davi foi se distraindo, ao longo da vida, com os prazeres. Mais perto do final de sua passagem terrena, acabou amando as mulheres estrangeiras que não serviam ao Deus de Israel e tinham hábitos e costumes completamente diferentes, alguns pecaminosos, como adorar a outros deuses.

A Bíblia diz que O AMOR é mais forte do que a morte (Cântico dos Cânticos); logo, também é maior que a sabedoria. Quando ele direcionou esse poder imensurável ao alvo errado, que eram as mulheres idólatras, construiu o buraco no qual iria cair.

Porque Deus não divide sua glória com ninguém.

Dinheiro não protege a alma, só Deus é capaz de fazer isso, e não é possível servir a Deus e amar os prazeres terrenos ao mesmo tempo.

Preste atenção: aqui está uma escolha DIFICÍLIMA para o rico: "Devo servir a Deus com o meu dinheiro, ou meu dinheiro deve definir como Deus tem que agir comigo?".

Caro leitor, se você for sábio e disciplinado até o fim, sem se distrair com os prazeres deste mundo (apesar de poder aproveitar alguns), terminará bem sua jornada sob estes céus. E, claro, terá experimentado uma vida extraordinária na terra, com dificuldades e percalços no caminho, sem dúvidas; no entanto, sua existência terá sido uma vida fora do comum.

Você terá ganhado o mundo à sua volta, sua vida terá valido a pena e será inspiração a outros.

Em Mateus está decretado:

> MAS AQUELE QUE PERSEVERAR
> ATÉ O FIM SERÁ SALVO.
>
> (MATEUS 24,13)

De tudo o que se pode conquistar nesta vida, nada tem mais valor e importância do que isso.

Encerro este capítulo com a seguinte reflexão:

> DE QUE SERVE O DINHEIRO
> NA MÃO DO TOLO, JÁ QUE ELE
> NÃO QUER OBTER SABEDORIA?
>
> (PROVÉRBIOS 17,16)

Além da disciplina, precisamos buscar com afinco a sabedoria para ter direção e respostas que humanamente falando não chegam com facilidade para nós.

Se você já se identifica como um destinado e acredita ter mentalidade 3 ou 4, se tem fé em Deus e é disciplinado, o que pode te impedir a partir de hoje?

Chegou a hora de ganhar o mundo!

"COMO É FELIZ
AQUELE QUE SE
INTERESSA PELO POBRE!
O SENHOR O LIVRA EM
TEMPOS DE ADVERSIDADE.
O SENHOR O PROTEGERÁ
E PRESERVARÁ A SUA VIDA;
ELE O FARÁ FELIZ NA TERRA
E NÃO O ENTREGARÁ
AO DESEJO DOS SEUS
INIMIGOS. O SENHOR
O SUSTERÁ EM SEU
LEITO DE ENFERMIDADE,
E DA DOENÇA O
RESTAURARÁ."

(SALMOS 41,1-3)

**GANHE O MUNDO
SEM PERDER A ALMA**

Capítulo 7

Você carrega uma mensagem

Sua história mais triste, sua maior vergonha, sua quebra financeira, suas derrotas e perdas, tudo isso pode ser o testemunho que vai levantar muita gente. Por causa da vida que você leva hoje ou levará em breve, mesmo tendo passado por tudo isso, as pessoas vão acreditar em você e no que você diz. Isso se chama autoridade!

Deus confia uma mensagem a cada ser humano, mas não é a todos que as pessoas querem ouvir.

> DEUS TE PROSPERA PARA VOCÊ SER ESCUTADO.

"Também vi debaixo do sol este exemplo de sabedoria que muito me impressionou. Havia uma pequena cidade, de poucos habitantes. Um rei poderoso veio contra ela, cercou-a com muitos dispositivos de guerra. Ora, naquela cidade vivia um homem pobre mas sábio, e com sua sabedoria ele salvou a cidade. No entanto, ninguém se lembrou daquele pobre. Por isso pensei:

> "EMBORA A SABEDORIA SEJA MELHOR DO QUE A FORÇA, A SABEDORIA DO POBRE É DESPREZADA, E LOGO JÁ NÃO SE DÁ ATENÇÃO ÀS SUAS PALAVRAS."
>
> (ECLESIASTES 9,13-16)

Quem o mundo escuta mais? Martin Luther King Jr. (1929-1968) ou Seu Zé da Padaria? Billy Graham (1918-2018) ou a tia que fala mal de todos?

Por mais que você tenha uma mensagem para entregar, por que te escutariam?

Mas quem ganha o mundo é escutado. Como lemos no verso anterior, até o sábio pode ser ignorado pela sua falta de resultados na vida.

Madre Teresa de Calcutá (1910-1997) foi ouvida pelo mundo mesmo não sendo empresária rica, ao contrário, serviu na pobreza aos pobres. Então como ela foi escutada?

Não tem como fugir. Ela montou um empreendimento de hospitais, leprosários (lugar para cuidado e acompanhamento de pessoas com a antiga lepra, hoje conhecida como hanseníase, porque muitas delas eram largadas nas ruas e não eram tratadas com a dignidade que todo ser humano merece) e orfanatos com programas de arrecadação financeira. Começou a ter destaque na mídia mundial e ficou famosa. Ela ganhou o mundo à sua volta e o fez para o bem. Tudo isso, inclusive, lhe rendeu o prêmio Nobel da Paz em 1979.

Pensando bem, qual seria o interesse de Deus em um ser humano ganhar o mundo? Eu sei que Ele mesmo disse que "Os mais altos céus pertencem ao Senhor, mas a terra ele a confiou ao homem", como lemos em Salmos 115,16.

Mas o que Deus ganha com isso? Bem... pessoas escutam pessoas!

Todos carregam uma mensagem. Mas nem todos a descobrem a tempo.

Em geral, a dor de um ser humano, se for trabalhada e superada, vai se transformar em seu maior depoimento. E isso precisa ser contado, pois, certamente, vai ajudar milhares de pessoas que enfrentam o mesmo problema.

O sofrimento de Jó nos faz entender que o "fundo do poço" no qual caímos não importa, pois é possível terminar a jornada nesta vida em alto nível, em situação muito melhor do que as que experimentamos no início ou no meio da caminhada. Mesmo tendo per-

“NÃO FAZ SENTIDO ALGUM VOCÊ PROSPERAR E NÃO USAR ESSE PODER PARA ENTREGAR A MENSAGEM QUE CARREGA.”

GANHE O MUNDO SEM PERDER A ALMA

dido tudo, Jó termina a vida recebendo recompensa dobrada a uma vida longa e feliz.

Reafirmo: na Escala de Níveis Financeiros não existem lugares permanentes. A vida oferece riscos, e a estabilidade não é realidade.

A viuvez de Rute nos ensina que tragédias acontecem a qualquer um, mas a forma como reagimos a elas determina nosso futuro e que sempre é possível recomeçar. De modo que Rute é agraciada com um casamento com Boaz, que lhe permite eternizar sua história, ao se tornar parte da genealogia de Davi, linhagem direta de Jesus.

A injustiça feita a José, vendido como escravizado ao Egito pelos próprios irmãos, prova que, às vezes, precisamos ser expulsos de um lugar de conforto para cumprir um propósito maior e conhecer os dias de glória. Nesse sentido, Deus tornou seu mal em bem — como o próprio José diz na Bíblia — e o fez terminar a carreira como governador do Egito, tendo vida longa e próspera.

> DEUS COMUNICA SEU CORAÇÃO POR MEIO DA HISTÓRIA DE PESSOAS.

Este é o interesse divino: que a sua trajetória (sim, a sua, que está lendo este livro) glorifique o nome d'Ele. Como aconteceu com os personagens que citei acima (e a muitos outros), assim é com você também. Lembrou-se de algo ruim ou pesado que você enfrentou até aqui? Pois bem, não foi uma perda. É apenas parte do enredo que será divulgado e ajudará muita gente.

Quando quebrei financeira e emocionalmente, em 2014, enxergava tudo como vergonha e humilhação. Apenas hoje entendo que aqueles tempos terríveis, dias e noites de medo, seriam o meu testemunho. Aquele "pesadelo" que vivi acordado se transformou na forma pela qual as pessoas se conectariam comigo.

> **MINHA HISTÓRIA CONTRIBUI COM MINHA RIQUEZA.**

Agora, com os resultados que Deus me permitiu conquistar e com a história de vida que tenho, uma combinação explosiva foi feita para que eu tenha a atenção das pessoas. E, para quem ainda não percebeu, a ATENÇÃO é uma fonte de riqueza dessa geração.

Muitos estão fazendo de tudo por visualizações na internet, patrocinando posts para que seu produto seja visto, meninas e meninos estão dançando de maneira indecente só pela chance de viralizar. Todos querem atenção!

Além da parte emocional disso, vale lembrar que, em geral, atenção pode virar monetização, renda, dinheiro no bolso.

A atenção que as crianças e adolescentes dão para o youtuber MrBeast o transformou em um bilionário. Se você não o conhece, ele se chama James Donaldson, é americano e, até o dia em que este livro foi escrito, tinha mais de 416 milhões de inscritos em seu canal no YouTube. MrBeast é conhecido hoje como o maior youtuber do mundo. O que ele tem? A atenção das pessoas. Não só de crianças e adolescentes, mas também de muitos empresários que querem colar suas marcas no nome dele.

O gigantesco público que já escutou as músicas de Bruno Mars, o cantor e compositor americano, ou de Adele, a cantora britânica, fez com que eles ficassem muito ricos.

Por isso, as equipes de marketing de uma empresa trabalham tanto. Todas querem chamar a atenção das pessoas para a marca para a qual trabalham.

Em 2024, foi divulgado que, pelo terceiro ano consecutivo, a Amazon estava na liderança da lista de empresas que mais investem em anúncios e propagandas em todo o mundo. O dado é da lista Ad Age, uma publicação americana.[1] Em 2023, veja só, a gigante da tecnologia gastou US$ 20,3 bilhões com publicidade e compra de mídia. Isso dá cerca de R$ 113 bilhões (na cotação de quando estava escrevendo estas linhas).

Todo esse investimento torna a marca mais conhecida, gerando impacto positivo nas vendas, fazen-

---

1 Os 25 maiores anunciantes do mundo, segundo o Ad Age. *Meio & Mensagem*, 11 dez. 2024. Disponível em: https://www.meioemensagem.com.br/marketing/os-25-maiores-anunciantes-do-mundo-segundo-o-ad-age. Acesso em: 27 jul. 2025.

do a Amazon crescer e entrar na mente e na vida dos consumidores.

O algoritmo das redes sociais é programado para entregar a você o tipo de conteúdo ao qual você mais deu atenção. Ao ficar um tempo naquele tipo de vídeo, dando *like* ou compartilhando, pronto, o algoritmo entende que é disso que você gosta e começa a bombardeá-lo com esse assunto.

Quando você começa a ter a atenção das pessoas, não é só o dinheiro que se achega, a fama também. E fama e dinheiro hipnotizam o público.

Para seguir crescendo sem negociar sua consciência, sua alma, você precisa de três pilares. E eles são fundamentais também para que você, além de tudo que já citei, continue sendo escutado.

Não é o dinheiro e a fama que fazem isso sozinhos. Afinal, quantas marcas gigantes ruíram da noite para o dia e desapareceram? Quantas pessoas outrora famosas caíram no absoluto esquecimento? E mais: dinheiro e fama, ainda que em abundância, não blindam sua alma, apenas te dão uma voz.

Permanecer no topo, proteger sua alma e seu destino depende destes três pilares:

1. Forte conexão espiritual

É impossível prosperar e não perder a alma, caso não se espiritualize.

Isso significa abrir mão de suas vontades e obedecer ao que Deus quer. Simples! A receita é "mortificar a carnalidade, e viver em espírito" (Romanos 8,13), verdade que podemos tirar da carta que Paulo de Tarso (*c.* 5 — *c.* 64/67) escreveu aos romanos no século I. Mortificar a carne nada mais é do que não ceder aos desejos carnais que vão contra os princípios milenares, a sabedoria bíblica, o que confronta a vontade de Deus.

Deus revela Sua vontade por meio de Seu livro, a Bíblia. Está tudo lá!

E, para coisas bem específicas, Ele te dá sonhos, usa pessoas para falar contigo, coloca sentimentos em seu coração, fala diretamente com a sua consciência e por aí vai.

Essa conexão espiritual acontece por meio da oração e da leitura das Escrituras, a fonte suprema da Sabedoria Milenar.

Então você diz: "Mas, Tiago, fulano é bilionário e não faz nada disso".

Você tem razão. E é por isso que, tendo apenas dinheiro, muitos deles me ligam desesperados para resolver problemas da alma ou do espírito.

No fim, dinheiro é apenas dinheiro se não tiver bênção divina.

2. Família saudável

Não existe família perfeita, existe a sua, e temos que focar em transformá-la intencionalmente em um lugar saudável e seguro.

Família é o nosso aeroporto, de onde decolamos para nossas conquistas, mas também onde aterrizamos para abastecer e fazer manutenção.

Família é construção. Leva-se tempo colocando cada tijolo desta obra. Nossa casa deve ser como um centro de treinamento, onde, pelo exemplo, nosso cônjuge e nossos filhos aprendem a vida da maneira certa. Na parábola do filho pródigo (Lucas 15,11-32) Jesus ilustra o nível de profundidade do amor de um pai por seu filho e a importância do perdão e do arrependimento na família, também sobre uma boa criação. Reflita sobre esses valores milenares. Até porque vivemos um tempo em que os familiares estão desconectados, não fazem mais refeições juntos, cada um está em seu celular, não separam um tempo para ficarem juntos intencionalmente. Atente-se a tudo isso e não perca sua família!

3. Saúde mental em dia

O desafio de nossa geração é proteger a saúde mental. Ansiedade generalizada, depressão, insônia, pensamentos acelerados, medo e pânico, além de diversos transtornos como a compulsão são recorrentes nos dias atuais.

Para prosperar financeiramente e não surtar no processo, será necessário ter cuidados com sua mente. Higiene do sono, atividade física e estar em uma comunidade espiritual saudável contribuem para isso.

Por diversas vezes já levei o dr. Augusto Cury, o psiquiatra mais lido do mundo, em meus programas de mentoria como o DestinyMind (exclusivo para empresários) e o *BrunetCast,* nosso podcast semanal, sempre pensando em levar aos nossos alunos e espectadores o conhecimento sobre essa área vital para o empreendedor.

Para proteger suas emoções, ou seja, sua saúde mental, é necessário tomar decisões radicais como não ser um consumidor neurótico de internet, ler livros sobre como cuidar dos sentimentos, participar de eventos que tratem do assunto, aprender a perdoar e não guardar mágoas, ressignificar o passado e ser otimista quanto ao futuro.

Guarde esta verdade: não basta ser escutado porque você prosperou, é preciso manter-se de pé para que as pessoas te levem a sério e adiante.

COMO COMEÇAR A GANHAR O MUNDO?

O caminho é alinhar alguns "poderes". Tem gente que está começando a empreender, mas ainda não possui tantos resultados. Contudo, já possui as blindagens emocional e espiritual necessárias. O que falta é um ajuste, entende?

Se você já está com o seu propósito e missão bem claros, tenho dicas valiosas para seu crescimento financeiro. Ao seguir estes passos, rapidamente você começará a ter a atenção das pessoas.

As pessoas têm diversas motivações para conquistar um novo patamar financeiro, porém as mais comuns que percebo em quem está começando, ou passando de nível, são:

- Uma "boa" dívida

Ela é criada quando você compra algo ou pega dinheiro emprestado para alavancar sua vida ou negócios. Ou seja: não estou falando da irresponsabilidade de pegar empréstimos para patrocinar prazeres ou pagar outras dívidas. Falo de usar dinheiro de terceiros legalmente para crescer. No mundo dos negócios, isso se chama alavancagem.

Algumas pessoas só se sentem motivadas a prosperar quando estão debaixo de pressão.

Um exemplo de alavancagem bem-sucedida é o de Walt Disney (1901-1966). Ele enfrentou várias dificuldades financeiras para abrir a Disneyland na década de 1950, pois não tinha dinheiro para realizar seu sonho. Disney hipotecou a própria casa e buscou financiamento em bancos. Graças a essa "boa dívida", foi possível abrir a Disneyland em 1955, que se tornou um ícone mundial de entretenimento.

- Um cônjuge sonhador

Quando um dos cônjuges tem sonhos maiores do que as posses atuais, uma estrada para o crescimento começa a se formar. Vontade de comprar uma casa grande, de fazer a viagem dos sonhos, de empreender algo na vida. Isso inspira o casal a "correr atrás" juntos.

Veja isso na história do casal Obama. Michelle sempre foi uma mulher determinada e sonhadora. Ao conhecer Barack, num escritório de Direito, em Chicago, ela enxergou nele o potencial para algo grande e o incentivou em sua trajetória. Ela era supervisora; ele, estagiário. O apoio mútuo e os sonhos compartilhados — como a vontade de fazer algo importante pelos Estados Unidos — fizeram com que Barack Obama seguisse em frente na política, mesmo diante de muitas dificuldades; Michelle se tornou uma de suas maiores torcedoras, estimulando-o a não desistir.

Sonhar dá energia para a conquista, principalmente quando queremos fazer o outro feliz.

- Uma palavra divina

Acredite: muita gente começou algo grande apenas pela fé. Pessoas espiritualizadas recebem dicas de futuro e começam algo que ainda não existe.

Após receber um recado dos Céus, uma direção divina, algumas pessoas acreditam sem duvidar no que os olhos ainda não podem ver, dão os primeiros passos e tudo começa a acontecer.

Esse é o caso de Martin Luther King Jr. O que o moveu não foi apenas a indignação diante do racismo. Ele foi guiado por Deus para promover igualdade e melhorar a vida das pessoas. Quem poderia acreditar que seria possível colocar brancos e negros em situação de igualdade dentro de um ônibus? Nos anos 1950, em alguns estados americanos, havia leis de segregação racial, proibindo que negros frequentassem os mesmos lugares que os brancos. Mas dr. King tinha mais do que um sonho, tinha uma direção divina. Sua luta contribuiu diretamente para o fim da segregação racial e para a aprovação de leis que garantiram igualdade entre as pessoas.

OUTRAS DICAS VITAIS PARA SEU CRESCIMENTO FINANCEIRO

- Descubra e viva sua missão de vida.
- Tenha seus valores bem claros.
- Jamais negocie a sua fé.
- Seja organizado (ou tenha um sócio que seja).
- Tenha disciplina, é obrigação.
- Ganhe e não gaste muito. Invista.
- Crie múltiplas fontes de renda.
- Tenha poucos prazeres e que eles sejam lícitos.
- Pague, em dinheiro ou servindo, pessoas que, pela proximidade, vão te levar ao próximo nível.

- Aprenda a vender. Seja bom nisso!
- Leia muitos livros sobre vendas, negociação e empreendedorismo.
- Ore a Deus pedindo sabedoria para prosperar.

NÃO ROMANTIZE A POBREZA!

Homens e mulheres que marcaram a humanidade e ganharam o mundo, melhorando a vida de outros e transformando nações, foram bem-sucedidos.

Dinheiro, influência ou poder. Um desses três sempre foi necessário!

Madre Teresa de Calcutá socorreu uma geração inteira de miseráveis, leprosos e órfãos na Índia. Isso porque tinha reconhecimento mundial para arrecadar tudo que era necessário para sua obra acontecer.

Martin Luther King Jr. lutou bravamente por justiça social e igualdade entre negros e brancos. Mas, além de financiadores, tinha poder de despachar diretamente com o presidente americano.

Bill Gates, segundo a *Forbes* (2025), após realizar diversas doações bilionárias para causas humanitárias, como o fim da malária e de outras doenças na Ásia, destinou dezenas de bilhões de dólares para a saúde da mulher.

Oskar Schindler salvou milhares de judeus no holocausto, utilizando seus recursos e a própria empresa para proteger a causa.

Martinho Lutero iniciou a Reforma Protestante, mas dispunha da estrutura física para seus estudos e reuniões, além de viver bem e confortavelmente com sua família.

Sigo acreditando e ensinando que somente quem prospera pode estender a mão para ajudar. O segredo é continuar guardando o coração (Provérbios 3,7) e tendo a generosidade como alvo.

PROPAGUE A PROSPERIDADE COM PROPÓSITO

Prosperar não é apenas sobre ter mais dinheiro no bolso. É sobre ser uma voz que transforma, inspira e conduz as pessoas a um propósito maior. Deus te faz próspero não para que o mundo veja o seu "brilho", mas para que ouça a mensagem que Ele colocou em seu coração.

Que sua trajetória seja marcada não apenas por conquistas materiais, mas por uma influência capaz de apontar caminhos de fé, esperança e justiça. Use cada oportunidade, cada recurso, como uma plataforma para ser escutado. Não para se sentir maior que os outros, mas para que por meio de você mais pessoas conheçam a verdadeira prosperidade que inclua satisfação espiritual.

Espero que sua consciência já esteja se expandindo e que sua motivação esteja alinhada a seu propósito de vida, porque assim a riqueza será inevitável.

Em relação ao destino, ele está a seu favor. Afinal de contas, o fato de você ainda estar lendo este livro não é coincidência, é a vontade divina alinhada com sua determinação. Parabéns! Acredito que você pode subir de nível na Escala de Níveis Financeiros.

Assim, de tudo que você aprendeu neste capítulo, grave isso:

- Só quem tem voz consegue clamar por justiça.
- Deus prosperou José, que era escravo em terra estrangeira, só para ele poder administrar a fome que viria sobre a terra e as pessoas não sofrerem mais.
- Deus fez a pobre viúva Rute mudar-se de nação e lá conhecer o rico Boaz. Eles se apaixonaram, casaram e se tornaram portadores de uma mensagem para as gerações futuras.
- Deus prosperou a empreitada de Martin Luther King Jr. para que ele fosse uma voz de justiça para sua geração.

VOCÊ SERÁ ESCUTADO E SUA MENSAGEM VAI IMPACTAR MUITAS PESSOAS.

QUEM PROSPERA GANHA VOZ E DEVE USÁ-LA PARA A JUSTIÇA!

"QUEM TRATA BEM OS POBRES EMPRESTA AO SENHOR, E ELE O RECOMPENSARÁ."

(PROVÉRBIOS 19,17)

GANHE O MUNDO
SEM PERDER A ALMA

Capítulo 8

O antídoto final

Afinal, riqueza combina com a vida eterna no céu? É possível conciliar as duas coisas?

Acredito que você tenha decidido ganhar o mundo (pelo menos o seu) depois de ter lido este livro até aqui. Tenho profunda convicção de que se chegou às últimas palavras desta obra, a riqueza — em algum nível — combina com você. Sim, ela é para você!

Sendo assim, vamos entender como, por fim, realmente colocar nossa alma no seguro para que ela não seja roubada nem se perca.

Primeiro, vamos definir o que é alma. Biblicamente falando, a alma engloba as emoções, os sentimentos e a consciência, ou seja, aquilo que cada um de nós é por dentro.

Quando o versículo que deu título a este livro foi dito por Jesus, "Pois, que adiantará ao homem ganhar o mundo inteiro e perder a sua alma?" (Mateus 16,26), claramente Cristo estava se referindo à salvação eterna, à vida que existe depois da morte física. Em outras palavras, nossa alma é tudo o que restará quando acabar nossa existência humana. Então, a alma é o aspecto imaterial, eterno, colocado no ser humano, é a essência, a identidade da pessoa.

Por isso, afirmo: ela é o que temos de mais precioso e, para ela, não existe prazo de validade.

> MAIS DO QUE DINHEIRO, DEVEMOS GUARDAR A NOSSA ALMA.

Imagino que seu coração esteja queimando pelo sonho de crescer e prosperar ainda mais. Muita coisa passou a fazer sentido depois de ter lido os capítulos até aqui. Agora é possível perceber que a riqueza (em todos os sentidos da palavra) é, sim, para você e que você deve resistir às tentações e aos enganos que dinheiro, fama e poder podem trazer com eles.

Você deseja fazer a diferença, não é?

Talvez tenha começado a ler este livro julgando o título ou tenha ficado curioso em relação ao conteúdo. Agora, provavelmente queira crescer na Escala de Níveis Financeiros para cumprir seu propósito da melhor maneira.

Há, porém, mais um tema que precisamos abordar, talvez o mais importante de todos: Qual garantia temos de que o dinheiro, depois de conquistado e multiplicado, não vai nos seduzir e roubar quem somos, nossa identidade, nossos valores, crenças e a pureza do nosso coração?

O que nos garante que o orgulho, a altivez e a vaidade não serão parte do nosso caminho, caso alcancemos a relevância e a influência que alguns níveis da escala financeira podem nos oferecer? Até mesmo Salomão, como dissemos anteriormente, tendo vasta sabedoria, não ficou isento de errar, de modo que, possivelmente, perdeu a alma por não ter guardado o coração.

Só há uma forma: reconhecer que o que temos não é nosso. É necessário também estarmos contentes com o que o Plano Divino nos permitiu alcançar até aqui.

Estar contente é sentir-se satisfeito com o que se tem, sem murmurar nem viver em comparação. Não significa acomodação, mas gratidão, sem invejar o que é do outro ou desejar além do tempo.

A verdade é que tudo que está conosco foi confiado a nossas mãos pelo Criador. Então, agora, precisamos ser mordomos fiéis que prestam contas.

> SE FORMOS APENAS MORDOMOS, NÃO FICAREMOS ALTIVOS NEM VAIDOSOS POR ALGO QUE NOS FOI CONFIADO APENAS POR UM TEMPO.

Quem prospera com propósito está mais preocupado em cumprir sua missão no breve tempo de vida que lhe resta do que em simplesmente viver no luxo. Não que isso seja proibido; você pode ter coisas boas, sim, mas jamais permita que as coisas tenham você!

A mesma mentalidade que você expandiu para poder gerar recursos é a mentalidade que você usará para entender que o espírito vale mais do que a matéria.

Até porque seu destino rígido já está determinado e é imutável. Mas com sabedoria e sensibilidade espiritual você pode usar corretamente o destino flexível alinhando suas decisões ao destino planejado.

Quando comecei a ganhar dinheiro, pensei que a maioria dos meus problemas seria resolvida. Contudo, a realidade se mostrou muito diferente da expectativa. O dinheiro não aliviava a falta de paz nem os problemas familiares.

Com a prosperidade instalada na vida de uma pessoa, algumas reflexões se levantam: como fica o meu passado? E a minha condição de pecador? O que faço com minhas emoções bagunçadas? E essa insônia (ou qualquer outra condição)? O que significa essa falta de alegria de viver, logo agora que tenho tudo?

Para esses e diversos outros questionamentos que surgem na mente de quem tem tudo o que poderia desejar, o dinheiro não tem resposta. Para as questões da alma, só a espiritualidade conhece o caminho. Descobri que, por mais que continuasse faturando, eu nem ao menos poderia garantir onde passaria a eternidade. Meu extrato bancário não era a solução definitiva para tudo.

Então, mesmo sendo religioso desde criança, eu me tranquei no meu quarto e, em desespero, clamei a Deus: "Eu não tenho jeito, não tenho solução para tudo, me salve, Deus!". Foi então que compreendi a extensão da graça redentora de Jesus, porque eu já conhecia sua Palavra. Somente a partir desse momento eu me senti completo .

Não bastava ter religião e ir à igreja aos domingos, era necessário obedecer à Bíblia e viver uma vida de sacrifícios. Passei, então, a fazer o que Deus ama e a ficar bem longe do que ele odeia.

Foi assim que entendi a passagem bíblica em que um homem muito rico, que estava fazendo planos para ampliar seus celeiros, recebeu de Deus o alerta: "Louco, hoje mesmo pedirão a sua alma!" (Lucas 12,20).

No fim, este mundo só vale a pena se você salvar sua alma!

POR QUE EXISTEM PESSOAS QUE ADORAM MAIS AO DINHEIRO DO QUE A DEUS?

Simples: porque o dinheiro você vê, toca e usa para resolver problemas imediatos, como o pagamento das contas do mês, o conserto de algo que se quebrou ou a aquisição de algo que queria muito.

Mas a Bíblia diz em João 20,29: "Porque me viu, você [Tomé] creu? Felizes os que não viram e creram".

Quem acredita naquilo que não vê é feliz e abençoado. Isso se chama fé.

O brasileiro tem fé de sobra, só precisa direcioná-la para o alvo correto.

O dinheiro tem sua objetividade segundo a filosofia, ou seja, você acreditando ou não, ele existe e pronto, não dependendo de crença nem de ponto de vista. Esse pensamento é exposto pelo filósofo americano John Searle (1932-2023), que deixa claro que certos fatos sociais, como governo, propriedade e dinheiro existem, apesar das crenças individuais, porque integram um sistema institucional aceito coletivamente.

Cem reais valerão cem reais ainda que alguém desdenhe ou duvide. Mil reais compram muitas coisas, queira você ou não. Por isso, o dinheiro arrasta seguidores enlouquecidos por onde passa. Ele pode ser provado fisicamente!

> **AS COISAS ESPIRITUAIS SÃO DIFERENTES, SÓ PODEM SER TOCADAS PELA CRENÇA NO QUE É INVISÍVEL.**

É bem mais complicado para a mente humana acreditar e até mesmo usar o que não vê. Todavia, quem tem fé suficiente para entender como o mundo espiritual realmente funciona sai na frente, inclusive na vida financeira, então, acredite!

Repare nesta passagem:

> "Estando Jesus em Betânia, na casa de Simão, o leproso, aproximou-se dele uma mulher com um frasco de alabastro contendo um perfume muito caro. Ela o derramou sobre a cabeça de Jesus, quando ele se encontrava reclinado à mesa. Os discípulos, ao verem isso, ficaram indignados e perguntaram: 'Por que este desperdício? Este perfume poderia ser vendido por alto preço, e o dinheiro dado aos pobres'. Percebendo isso, Jesus lhes disse: 'Por que vocês estão perturbando essa mulher? Ela praticou uma boa ação para comigo. Pois os pobres vocês sempre terão consigo, mas a mim vocês nem sempre terão. Quando derramou este perfume sobre o meu corpo, ela o fez a fim de me preparar para o sepultamento. Eu lhes asseguro que onde quer que este evangelho for anunciado, em todo o mundo, também o que ela fez será contado, em sua memória'." (Mateus 26,6-13)

Vamos lá: uma mulher tinha uma grande quantidade de dinheiro em forma de perfume, ela vê o próprio Jesus em uma casa — dias antes da morte dele —, entra pela porta, vai até Cristo e derrama aquela fortuna na cabeça dele. Com a mente natural, e dominada em parte pelo inimigo de Deus (o amor ao dinheiro), os discípulos ficam INDIGNADOS e dizem que aquele bem poderia ser vendido e dado aos pobres.

A questão que se levanta é: por que eu me incomodaria com o que os outros fazem ou com a forma como gastam o próprio dinheiro? Nessas situações, uma pessoa só se incomoda quando tem interesse no dinheiro que não é dela, quando acha que ela poderia ser a beneficiada. É o tipo de pessoa que pensa: "Por que para ele e não para mim?".

> **DERRAME SUAS RIQUEZAS NAQUELE QUE VALE MAIS DO QUE ELAS!**

Em João 12,2-8, que relata o mesmo episódio, mas por uma ótica diferente, a do apóstolo João, fica claro que quem ficou irritadíssimo e disse que o dinheiro poderia ser melhor aproveitado foi Judas, o traidor de Jesus.

No trecho de João 12,6, o discípulo autor do livro acrescenta algo mais sobre Judas: "Ele não falou isso por se interessar pelos pobres, mas porque era ladrão; sendo responsável pela bolsa de dinheiro, costumava tirar o que nela era colocado".

> **SEJA UMA PESSOA GENEROSA!**

Quem não entende o mundo espiritual, quem ainda está debaixo do governo de Mamom, o senhor das riquezas materiais, acha que é desperdício ser rico para com Deus, honrar a quem tem honra ou ajudar a quem precisa.

Aquela mulher não ungiu Jesus com perfume por coincidência, foi um ato profético. Era costume dos judeus ungir um corpo com óleo antes de sepultá-lo. Bem, Jesus não estava morto, pelo contrário, estava diante de todos, em carne e osso. Ninguém imaginava que dias depois Ele estaria preso a uma cruz. Aquela mulher, portanto, foi guiada para anunciar, de modo profético, que estava chegando a hora de Jesus morrer. Somente o próprio Mestre sabia disso. Assim, o corpo que salvaria a humanidade recebeu os cuidados que a tradição judaica determinava. Interessante, não?

Jesus honra a oferta daquela mulher, dizendo que onde o evangelho fosse pregado, o ato dela seria contado para sua memória.

> O ANTÍDOTO CONTRA O AMOR AO DINHEIRO É TER A ESPIRITUALIDADE COMO PRIORIDADE.

É necessário ter uma vida realmente dependente do Criador e generosa com os outros. Humildade e mansidão; gratidão e honra. Sem Deus no governo de nossa existência não saberemos como lidar com o engano das riquezas.

Já estudei e analisei muito conteúdo sobre esse tema e afirmo: não há outra forma de ganhar o mundo sem negociar sua alma que não seja pela evolução espiritual.

Só assim você amará a Deus sobre todas as coisas, e o dinheiro será apenas um servo dos seus projetos nesta terra. Sua generosidade pode patrocinar a vontade divina no plano terreno. Que privilégio!

Uma vida na qual Jesus é o centro de tudo não tem espaço para o que destrói a alma.

PARA NÃO PERDER SUA ALMA, DEIXE JESUS SALVAR VOCÊ

Salvação conquistada por Cristo é o que nos livra da condenação eterna. Essa bênção não pode ser alcançada por nenhuma obra que possamos fazer por aqui, mas pela graça imensurável d'Ele.

Assim, não perder a alma, na verdade, significa ser salvo em Cristo, e não apenas ter a consciência limpa. E esse benefício eterno o dinheiro não pode comprar. Vamos falar sobre isso?

> “SE ALGUM DE VOCÊS ESTIVER SEM PECADO, SEJA O PRIMEIRO A ATIRAR PEDRA NELA.”
>
> (JOÃO 8,7)

Foi Jesus quem afirmou isso, e com essas palavras abro seus olhos para a necessidade de reconhecermos o dom gratuito de Deus: a vida eterna. Não é possível receber a eternidade por meio do que é conquistado na terra, mas somente com arrependimento e correção de rota. Tudo acontece por meio da graça divina.

Então, para que ganhar o mundo? Para que se esforçar a fim de subir na Escala de Níveis Financeiros? Qual é o sentido?

Bom, está claro que, para ser feliz na terra ou salvo na eternidade, você não precisa ser rico. Aliás, nem mesmo para viver bem você precisa de muita coisa.

Então, resta-nos a filosofia de que o dinheiro é a caixa de ferramentas que, se bem utilizada, facilitará o tempo que você passará aqui na terra.

Esse argumento é sustentado pelo pensamento de muitos filósofos contemporâneos, como Morgan Housel (1986-), autor do best-seller *A psicologia financeira*. Nessa obra, o autor ensina que o dinheiro é o que compra também liberdade e tempo, não somente bens materiais. Já o educador financeiro cristão Dave Ramsey (1960-) reforça o pensamento da "caixa de ferramentas" ao afirmar que o dinheiro em si deve ser tratado como um instrumento para viver a vida que se deseja, não necessariamente ser um deus.

DUAS LIÇÕES PARA A ETERNIDADE

Em determinado momento deste livro, contei a história de um bilionário que afirmou algo importante: mesmo com toda a sua riqueza e prosperidade financeira, não poderia comprar nem acrescentar um dia sequer à sua vida.

Quando chega a hora da morte, então, não há nada mais a ser feito. É exatamente isso que eu gostaria de apresentar: a dimensão material *versus* a eterna e como podemos aprender com isso por meio de duas histórias da Sabedoria Milenar.

Na primeira, Jesus conta a parábola de um homem rico e insensato que acumulou riquezas e bens pensando só em si mesmo e em seu benefício, mas sua sorte foi completamente modificada, veja:

> "Então lhes contou esta parábola: 'A terra de certo homem rico produziu muito bem'. Ele pensou consigo mesmo: 'O que vou fazer? Não tenho onde armazenar minha colheita'. Então disse: 'Já sei o que vou fazer. Vou derrubar os meus celeiros e construir outros maiores, e ali guardarei toda a minha safra e todos os meus bens. E direi a mim mesmo: Você tem grande quantidade de bens, armazenados para muitos anos. Descanse, coma, beba e alegre-se'. Contudo, Deus lhe disse: 'Insensato! Esta mesma noite a sua vida lhe será exigida. Então, quem ficará com o que você preparou?'.

Assim acontece com quem guarda para si riquezas, mas não é rico para com Deus." (Lucas 12,16-21)

Isso não significa que não seja necessário fazer reserva de recursos financeiros, não é o que está sendo tratado nessas linhas. A parábola fala apenas do acúmulo de riquezas, com intensidade, para benefício próprio e sem propósito. Isso já está bem claro!

A primeira lição para a eternidade é: a verdadeira riqueza está no Plano Divino, porque além de suprimento material, teremos propósito na terra, identidade, sentido de vida, perdão de pecados e salvação eterna. Nesse Plano, todas as coisas cooperam para o nosso bem (Romanos 8,28).

Devemos buscá-lo, porque, se a nossa hora e momento for agora, de nada adianta o que acumulamos. E isso nos conduz à segunda lição.

Certa feita, Jesus contou a história de um homem rico e um homem pobre, conhecida como O rico e Lázaro, registrada em Lucas 16,19-31.

A princípio, parecia apenas uma história sobre um homem que vivia no luxo e na riqueza e outro na pobreza; um era um megaempresário ou criador de ecossistemas e o outro, alguém que vivia na pobreza extrema e em vulnerabilidade social; um deles estava no topo da pirâmide; e o outro, na base — a posição mais inferior possível. Quando os dois morreram, a situação se inverteu. Agora veremos o motivo:

“Havia um homem rico que se vestia de púrpura e de linho fino e vivia no luxo todos os dias. Diante do seu portão fora deixado um mendigo chamado Lázaro, coberto de chagas; este ansiava comer o que caía da mesa do rico. Em vez disso, os cães vinham lamber as suas feridas. Chegou o dia em que o mendigo morreu, e os anjos o levaram para junto de Abraão. O rico também morreu e foi sepultado. No Hades, onde estava sendo atormentado, ele olhou para cima e viu Abraão de longe, com Lázaro ao seu lado. Então, chamou-o: ‘Pai Abraão, tem misericórdia de mim e manda que Lázaro molhe a ponta do dedo na água e refresque a minha língua, porque estou sofrendo muito neste fogo’. Mas Abraão respondeu: ‘Filho, lembre-se de que durante a sua vida você recebeu coisas boas, enquanto que Lázaro recebeu coisas más. Agora, porém, ele está sendo consolado aqui e você está em sofrimento’.” (Lucas 16,19-25)

A segunda lição para a eternidade é: o acúmulo de riquezas e luxos, se seguidos de completo descaso com os que mais precisam, pode gerar a condenação eterna da sua alma. É simples, mas muito forte.

O homem rico passava seus dias vivendo de forma luxuosa — o que não é errado —, mas era incapaz de se compadecer e ser tocado pela pobreza extrema que estava, literalmente, à sua porta. Tal comportamento sim é errado e desumano, e mostra que o rico conheceu maravilhas na vida, mas nunca soube quem era Deus. Caso contrário, sua atitude teria sido outra.

Viver apenas para si mesmo e para seu próprio luxo e benefício cria uma jornada de solidão e vazio espiritual. No final, isso custará muito mais caro do que qualquer item supervalioso que uma pessoa possa adquirir nesta terra, porque o preço será a sua alma. Não sou eu quem digo, é o próprio Jesus.

Isso significa que devemos enriquecer para, assim, termos mais chances de construir negócios e instituições que ajudem pessoas. Devemos ganhar o mundo para, assim, sermos escutados, de tal maneira que nossa mensagem ecoe e influencie positivamente as pessoas.

O que não podemos fazer é acreditar que tudo é nosso e foi conquistado apenas pelo nosso próprio esforço. Temos que compreender o poder da semeadura.

> **NÓS PLANTAMOS,
> E DEUS NOS FAZ COLHER!**

Guarde essas duas lições em seu coração e as observe com atenção, releia-as se necessário, porque são frutos da Sabedoria Milenar e farão toda a diferença em sua vida.

Finalizo esta obra feliz porque você, como um destinado, agora tem acesso a tudo que precisa para cumprir seu propósito aqui. Agora você sabe como colaborar para encontrar a riqueza ou mais recursos.

E faço votos de que a saúde mental, a proteção espiritual, a paz interior e a harmonia familiar também sejam riquezas diárias em sua jornada.

Independentemente do lugar que você ocupa hoje na Escala de Níveis Financeiros ou do lugar que ocupará um dia, desejo que, neste lugar, o nome de Jesus seja glorificado pelo seu comportamento e suas atitudes. Que sua mentalidade e capacidade pessoal sejam usadas não só para fazer fortuna, mas para criar projetos de transformação social.

Sugiro você fazer esta oração sempre que puder:

Jesus, obrigado por me salvar. Obrigado pelas coisas que tenho até hoje e que me possibilitam continuar avançando. Dê-me saúde e sabedoria para cumprir o meu destino e faça a Sua vontade na minha vida.

Sou grato até pelas dificuldades que acabaram me ensinando e amadurecendo, mas peço Sua direção para os próximos passos. Que eu seja um instrumento de paz e luz por onde passar e que minha maior riqueza seja possuir, pela Sua graça, a vida eterna.

Amém!

Eu desejo a você paz e prosperidade!

Se você é empresário e entende que, mais do que apenas ganhar dinheiro, você precisa ser guiado para ter uma vida de paz, harmonia familiar, equilíbrio emocional e espiritualidade, conheça o **DestinyMind**, a mentoria presencial de 12 meses com Tiago Brunet.

Essa pode ser uma escolha essencial para você alcançar o seu destino.

@mentoriadestinymind

Fontes SCOTCH, JOSEFIN SANS
Papel PÓLEN BOLD 70 g/m²
Impressão GEOGRÁFICA